LES

MUSÉES DE FRANCE

W. FROEHNER

MEMBRE DE L'INSTITUT ARCHÉOLOGIQUE DE ROME

LES
MUSÉES DE FRANCE

RECUEIL

DE

MONUMENTS ANTIQUES

PARIS

J. ROTHSCHILD, ÉDITEUR

13, RUE DES SAINTS-PÈRES, 13

1873

LES

MUSÉES DE FRANCE

AUGUSTE ET LIVIE

BUSTES EN BRONZE — MUSÉE DU LOUVRE

— Pl. 1 et 2 —

ES deux bustes romains, ou plutôt gallo-romains, qui figurent en tête de ce Recueil font partie du musée Napoléon III. Achetés le 25 juin 1868, au prix de 30,000 francs, ils n'entrèrent au Louvre qu'après bien des pérégrinations, vers la fin du mois de septembre de la même année. Le hasard avait voulu que la veille même du jour où je proposai cette acquisition, quelque considérable que fût la dépense, les détenteurs, en face de refus formels, étaient entrés en négociations avec le Musée de Londres. Heureusement pour nous, M. Newton n'eut pas plus tôt appris que ces bronzes, trouvés en France, étaient convoités par l'Empereur pour nos collections nationales, qu'il refusa, avec une courtoisie parfaite, de nous les disputer. A une époque où les musées de tous les pays se font une si vive concurrence, ce procédé mérite d'autant plus d'éloges qu'il ne risque guère d'être souvent imité.

Nos bustes ont, à plusieurs points de vue, une valeur inappréciable. L'iconographie romaine l'histoire de l'art, de la religion ancienne, l'épigraphie se partagent le bénéfice de cette belle découverte. Malgré l'abondance des monuments nouveaux qui, chaque année, viennent s'ajouter à la masse énorme de ceux que nous connaissons déjà, on en rencontre rarement d'aussi instructifs ou d'un intérêt aussi varié. Il me tarde d'examiner en détail tout ce qui s'y rattache de près ou de loin; mais auparavant — le lecteur m'en saura gré — je crois devoir aborder une question importante, celle de la provenance. D'où viennent ces deux bronzes? dans quelles circonstances ont-ils été trouvés? par quelles vicissitudes ont-ils passé avant d'arriver au Louvre? Les objets antiques gagnent toujours à ne point rester sans une sorte d'acte de naissance, ou de renaissance, qui garantisse leur authenticité; à s'appuyer sur un certificat d'origine qui nous permette d'en préciser l'âge ou d'en reconnaître la destination primitive.

La trouvaille n'est pas de fraîche date [1]. Le 7 mai 1816, deux métayers du domaine des Guillemins, dans le Bourbonnais, étaient en train de labourer leur champ, lorsque la charrue, ou, pour parler la langue du pays, l'*ariau* [2] de l'un d'eux heurta un objet et le fit sortir de terre. On arrêta les bœufs pour se rendre compte de l'obstacle qui avait failli briser la pointe de l'instrument aratoire, et bientôt on reconnut que c'était une figure. Une épaisse couche d'argile en recouvrait la surface. La base sur laquelle le petit buste avait été ajusté au moyen d'une clavette venait d'en être séparée par la violence du choc. Loin de se douter qu'ils tenaient une fortune entre leurs mains, les paysans crurent avoir trouvé une image de sainte, enterrée là pendant la Révolution. C'était le portrait de Livie.

Quelques instants après, le second buste, celui d'Auguste, fut découvert. Il avait suffi pour cela de creuser légèrement le sol à la place où le premier venait de se montrer.

Le laboureur auquel nous devons cette trouvaille inespérée s'appelait Joseph Navrot. Son fils, alors âgé de treize ans, vit encore et raconte volontiers les faits dont il fut témoin. Il avait lui-même dirigé les bœufs attelés à la charrue, et l'année dernière, lorsque M. Bertrand, vice-président de la Société archéologique de Moulins, eut la bonté de visiter les Guillemins pour me procurer les renseignements dont j'avais besoin, le vieillard se mit à sa disposition pour le conduire à l'endroit où le trésor avait été enfoui, et lui répéta de vive voix toutes les circonstances de la découverte.

A la nouvelle de l'événement, le curé de la commune, l'abbé de Lépaud, accourut et conseilla d'abord de laver les bronzes pour mieux juger de leur valeur. On les porta donc au ruisseau voisin, où, à force de les frotter, on mit à jour les deux inscriptions ; mais, en même temps, les yeux, incrustés d'un émail très-délicat, eurent à souffrir de cette opération barbare. L'œil gauche de Livie, déjà rongé par l'humidité de la terre, tomba en morceaux ; quant à l'œil gauche d'Auguste, non moins endommagé, il vint à s'écailler peu à peu, et bientôt fut complétement perdu. Après avoir déchiffré les inscriptions, le curé, ancien chartreux, se retira peu satisfait. « Jetons cela au loin, dit-il, c'étaient des païens. »

Malgré son avis, les frères Navrot emportèrent les bronzes pour les vendre, le soir même, à M. Pierre Saulnier, fils de la fermière des Guillemins et qui était alors clerc de notaire à Moulins. On les estima à 1 franc la livre, l'acquéreur en offrit généreusement 30 sols, et après en avoir constaté le poids, qui s'élevait à quatre kilogrammes et deux hectogrammes, la somme de 13 francs fut comptée aux inventeurs. Un acte notarié en règle [3], daté du 29 mai, eut pour but de ratifier cette acquisition peu dispendieuse ; je l'ai fait imprimer à la fin de ce chapitre, à cause de l'extrême rareté des documents de cette nature.

Les bustes étaient installés sur une cheminée de la ferme, lorsque M. Girodet, propriétaire des Guillemins, eut l'occasion de les voir et exprima le désir de les emporter. Ils restèrent pendant plus de cinquante ans dans sa famille, qu'aucune offre ne put tenter. M. Clerget de Saint-Léger, qui les reçut par héritage, finit par les vendre à la maison Rollin et Feuardent, de Paris.

Le domaine où ils avaient été enfouis est à proximité de Neuilly-le-Réal (arrondissement

---

1. Je dois les renseignements qu'on va lire à l'extrême complaisance de M. *Bertrand*, vice-président de la Société d'émulation de l'Allier, à Moulins.

2. *Ariau*, *airiau* (aratrum). Voir le Glossaire du Centre de la France, par le comte *Jaubert* (deuxième édition), Paris 1864.

3. Il se trouve encore entre les mains de M. Saulnier, ancien notaire à Moulins. M. Bertrand a bien voulu m'en envoyer copie et m'autoriser à le publier.

de Moulins). Je me suis informé si, par hasard, d'autres objets antiques, provenant de la même localité, ne seraient pas entrés dans les collections publiques ou particulières du Bourbonnais. Mais il paraît qu'on n'y a rien découvert de plus. C'est une contrée très-aride; la bruyère, la mousse et les lichens y poussent dans la plus parfaite solitude, et l'on n'y rencontre pas la moindre trace d'habitations gallo-romaines. Il faut donc admettre que nos bronzes y avaient été cachés; dans quel but et à quelle occasion, nul ne le saurait dire. Néanmoins, le nom de Neuilly (*Nobiliacum*) remonte à une haute antiquité.

La présence des bustes d'Auguste et de Livie au milieu de la Gaule Lyonnaise serait suffisamment expliquée par le culte dont les empereurs romains et les membres de leur famille furent l'objet dans cette province. Mais nous n'avons pas besoin de nous en tenir à des généralités, alors que nous disposons de témoignages historiques irréfragables qui prouvent que les Gaulois avaient de bonnes raisons pour s'entourer des images de leurs bienfaiteurs. Après le siége de Pérouse (714), Octave gouverna lui-même pendant dix-huit ans les peuples transalpins[1]; et lorsque, en 732, il jugea opportun de remettre l'administration de la Narbonnaise entre les mains du Sénat, le reste du pays continua à relever de son autorité privée. A quatre reprises différentes, il y fit un séjour prolongé; la première fois, avant son mariage avec Livie, en 715, pour apaiser des tentatives d'insurrection. Plus tard, en 727, il s'y rendit de nouveau, après avoir reçu le titre d'Auguste; une assemblée générale des représentants de toute la Gaule fut convoquée à Narbonne, pour fixer le chiffre du cens et régulariser la perception des impôts dans les provinces conquises par César. Le troisième voyage eut lieu en 738, lors de l'invasion des Germains; cette fois Auguste y passa plusieurs années et ne retourna en Italie qu'à la fin du mois de juin 741. C'est surtout son dernier séjour, en 744, qui a pour nous un intérêt particulier, parce qu'alors l'empereur eut l'occasion d'assister en personne à l'inauguration du fameux autel de *Rome et Auguste,* élevé en son honneur au confluent du Rhône et de la Saône. Le même jour (1ᵉʳ août) — anniversaire de la naissance de Livie — Antonia, qui se trouvait à Lyon avec la famille impériale, devint mère d'un prince : coïncidence remarquable, car le nouveau-né était destiné à devenir, à son tour, maître du monde.

Sous le règne d'Auguste, la civilisation romaine accomplit d'énormes progrès dans la Gaule. Un grand nombre de colonies furent fondées, fortifiées, reliées entre elles par des routes militaires, embellies d'édifices somptueux. Les habitants reçurent, les uns le droit de cité, les autres le droit latin, et peu à peu on donna aux institutions municipales les développements dont elles étaient susceptibles. Aussi les Gaulois eurent-ils hâte de manifester leurs sentiments de gratitude et leur besoin de servilité en ajoutant ou en substituant le titre d'Auguste aux noms primitifs de leurs villes. Nous connaissons une masse de localités qui adoptèrent alors cette transformation; trois d'entre elles l'ont conservée jusqu'à ce jour : *Autun* (Augustodunum), *Aouste-en-Diois* (Augusta Tricastinorum) et *Aoste* (Augusta Allobrogum) dans le département de l'Isère. On raconte qu'une des peuplades celtiques offrit en cadeau au successeur de César un collier d'or (*torques*) de cent livres pesant[2]. Le nom ou l'image d'Auguste figurent sur les monnaies de Lyon, de Vienne, de Cavaillon et de Nîmes[3]. Aujourd'hui encore on voit dans cette dernière ville les ruines de la « porte d'Auguste ».

---

1. Appien, *Guerre civile,* l. V, 51. Il est même vraisemblable que la Narbonnaise fut cédée à Auguste, avec l'Espagne, après la victoire de Philippes. Voir Herzog, *Galliæ Narbonensis historia,* p. 105. Cet auteur n'a pas connu le passage que je viens de citer.

2. Quintilien, VI, 3, 79.

3. M. Mommsen, *Roem. Münzwesen,* p. 677, et Herzog, *Galliæ Narb.,* p. 93, comptent parmi les monnaies portant le nom d'Auguste les pièces de *Ruscino* (Roussillon); mais il n'existe pas de pièces

Quant à Livie, nous savons qu'elle accompagnait son époux dans toutes les pérégrinations lointaines qu'il était forcé d'entreprendre[1]. Ce trait de mœurs était alors d'une rareté telle, que le jeune Caligula appela spirituellement son aïeule un « Ulysse en robe de femme[2] ». Je ne doute pas qu'elle n'ait participé aux trois voyages de 727, 738 et 744. Elle semble même avoir produit une très-bonne impression sur l'esprit des provinciaux, car un Gaulois tributaire, désireux de jouir du droit de cité, réclama l'intervention de l'impératrice ; elle parla à son mari, mais ne put obtenir pour son protégé que l'immunité des charges dont il était accablé par le fisc[3].

Pline nous affirme en outre que Livie possédait en Gaule une mine de cuivre. Le métal qu'on en extrayait, s'il était peu abondant, s'alliait facilement avec le zinc et par cela même était fort recherché. On l'appelait du nom de la propriétaire : *metallum Livianum*[4]. Il ne serait pas impossible que les bustes de Neuilly-le-Réal fussent un échantillon de ce bronze; leur conservation exceptionnelle et la superbe patine verte dont ils sont revêtus prouvent que le fondeur avait choisi des matières de première qualité. Cependant on aurait quelque peine à prouver une pareille hypothèse; en archéologie, les idées les plus séduisantes sont celles dont il faut se méfier le plus.

J'aurais pu me dispenser de me livrer à un examen minutieux des monuments qui nous occupent; mes planches sont d'une éloquence qu'aucune description ne saurait remplacer.

Auguste a la tête et la poitrine nues ; les couronnes de chêne et de laurier que le Sénat lui avait décernées le 13 janvier 727 ne furent pas regardées comme une distinction inhérente à un de ses titres officiels, sans cela on les trouverait régulièrement sur toutes les monnaies postérieures à cette date.

Livie est représentée en matrone romaine, avec une tunique plissée, recouvrant la gorge et les épaules[5]. Sa coiffure mérite toute notre attention, non-seulement à cause de la simplicité pleine de goût avec laquelle les cheveux sont disposés, mais parce que cette mode fut adoptée par la plupart des princesses de la famille Julienne. Conformément au précepte qu'un connaisseur incontesté des secrets de toilette, Ovide[6], recommande aux figures rondes, Livie porte au-dessus du front un nœud faisant saillie et qui, vu de face, avec les deux petites boucles qui s'en détachent, ressemble à une couronne à lemnisques ; ce nœud n'est que l'extrémité arrondie d'une longue tresse qui cache la raie. Relevés sur les tempes, les cheveux forment à côté de la saillie du milieu deux gros rouleaux terminés par des nattes qu'on a réunies en chignon sur la nuque, et dont s'échappent deux longues

---

frappées à Ruscino. Un numismatiste éminent qui possède la collection la plus complète de médailles celtiques, gallo-romaines et gallo-grecques, m'assure que toutes les monnaies attribuées jusqu'ici à la colonie de Ruscino (La Saussaye, *Numismatique de la Narb.*, pl. 23) sont des pièces de Berytus, mal déchiffrées.

M. Valère Martin, à Cavaillon, possède une charmante figurine d'Auguste, en bronze, trouvée dans cette ville. Revêtu d'une cuirasse et d'un manteau et couronné de laurier, l'empereur a la tête tournée vers le globe qu'il tient à la main droite; son bras gauche levé rappelle le *schema* des orateurs.

1. Tacite, *Annales*, III, 14 : Quotiens divum Augustum in Occidentem atque Orientem meavisse comite Livia !

2. Ulixes stolatus. Suétone, *Caligula*, XXIII. — « Femina stolata » est un titre honorifique : *Monatsberichte der Berliner Academie*, 1868, p. 84.

3. Suétone, *Vie d'Auguste*, XL.

4. *Hist. nat.*, l. XXXIV, 3. 4. Je voudrais savoir d'où M. Aschbach (*Livia*, p. 32) tient ses renseignements. D'après lui, le *metallum Livianum* était un alliage de cuivre (*sic*), très-rare, que l'on trouvait surtout dans les Gaules et que Livie préférait à tous les autres genres de bronze.

Quelques petites monnaies de cuivre de Trajan portent la légende : METALLI VLPIANI (Cohen, *Médailles impériales*, t. II, p. 58, n° 359-361).

5. Sur le bas-relief de San Vitale, Auguste est représenté en Jupiter, Livie en Vénus drapée (Conze, *Familie des Augustus*, p. 10).

6. *Ars amatoria*, III, 139-140 :

Exiguum summa nodum sibi fronte relinqui,
Ut pateant aures, ora rotunda volunt.

mèches qui retombent sur les épaules ; ces mèches sont fondues à part[1]. En avant de chaque oreille on remarque deux petites touffes qui se sont soustraites à cet ensemble de structure capillaire. Sur le sommet de la tête et sur l'occiput, les cheveux sont frisés avec soin et produisent des ondulations qui contrastent heureusement avec les mailles de la tresse qui les partage[2]. Il n'est pas sans utilité d'insister sur ces menus détails, parce qu'ils tranchent une des questions les plus controversées de la numismatique impériale. En 775, lorsque sa mère venait de relever d'une maladie grave (Tacite, *Annales*, l. III, 64), Tibère fit frapper de magnifiques moyens bronzes, représentant un buste de femme avec la légende SALVS AVGVSTA, *la Santé auguste*[3]. L'attribution de ce buste à Livie n'ayant pas paru suffisamment certaine, on a préféré s'en tenir à l'inscription et n'y voir qu'une personnification de la Santé. Aujourd'hui, grâce au buste du Louvre, le doute n'est plus permis ; la médaille de Tibère nous montre le portrait de Livie, un peu rajeunie, il est vrai, mais les divinités possèdent le privilége d'une jeunesse éternelle. Quant à la ressemblance, elle est indéniable ; toutes les deux ont l'os nasal légèrement arqué, le cartilage un peu plus long que les ailes du nez, la lèvre inférieure en retraite ; je ne parle pas de la similitude de la coiffure et de la draperie. Mais en même temps, il devient tout aussi certain que les deux médailles analogues portant les légendes PIETAS et IVSTITIA, et qui ont été restituées par Titus[4], n'ont rien de commun avec l'épouse d'Auguste. Les têtes qui y figurent sont idéales.

Les yeux des bronzes de Neuilly-le-Réal sont incrustés en émail blanc avec des pupilles noires, aujourd'hui ternies. J'ai raconté plus haut que chaque buste avait perdu l'œil gauche le jour de la découverte ; on a réparé le mal avant leur entrée au Louvre. Dans l'antiquité déjà, de pareils accidents ont dû se produire assez souvent pour qu'un marbrier dont nous possédons l'épitaphe métrique ait trouvé lucratif de s'occuper exclusivement à remettre des yeux aux statues qui n'en avaient plus[5]. Du reste, il est très-probable que les fondeurs employaient des ouvriers spéciaux pour les accessoires, d'argent ou d'autres matières, qu'il fallait ajouter aux figurines de bronze.

Je n'ai qu'un mot à dire au sujet des piédestaux circulaires qui servent d'appui à nos bustes[6]. Les tranches sont bordées de moulures, et au milieu de chacune se trouve un bouton, entouré de cercles concentriques en relief. Une mortaise percée en avant de ces cercles livre passage à la clavette qui, sans être visible de face, assure la solidité des figures. On a prétendu que ces bases n'étaient que des patères à sacrifices, détournées de leur destination primitive ; mais c'est là une erreur à tous les points de vue. Une patère enrichie d'ornements à l'extérieur, tandis que l'intérieur, le côté principal, resterait uni : voilà certes une anomalie que l'antiquité, si réfléchie dans ses moindres créations, n'a pu commettre.

---

1. Voir sur cette particularité : *Winckelmann*, Œuvres complètes (Stuttgart, 1847), t. I, 263. Raoul-Rochette, *Questions de l'Histoire de l'art*, p. 195. 196.

2. Ovide appelle cela : *comas positu variare*.

3. Cohen, *Médailles impériales*, t. I, pl. 5, 3. Sur mon exemplaire, qui est beaucoup mieux conservé que celui qui a servi au graveur des planches de cet ouvrage, on voit distinctement les deux mèches rebelles qui se trouvent en avant de l'oreille.

4. Cohen, l. c., pl. 5, 1. 2.

5. *M. Rapilius Serapio hic ab ara marmor(ea) oculos reposuit statuis qua ad vixit bene*. Florence ; palais Strozzi (Spon, *Miscell.*, p. 232. Fil. Buonarroti, *Osservazioni sopra alc. medaglioni* (Roma, 1698), p. XII. Fabretti, *Inscript.*, p. 641, 357. Orelli, 4224). Un autel de marbre servait d'enseigne à cet artiste. M. Bücheler a fait remarquer que l'inscription est en partie métrique (*Jahn's Jahrbücher*, t. LXXVII, p. 72). Quant au *faber oculariarius* mentionné dans une inscription romaine (Orelli, 4185. Raoul-Rochette, *Lettre à Schorn*, p. 442. Marquardt, *Manuel des Antiq. romaines*, t. V, 2, 280), je croirais plutôt que c'était un fabricant d'instruments de chirurgie à l'usage des médecins oculistes. Le mot *oculariarius*, formé comme *speclariarius, sigillariarius*, vient d'un substantif *oculare* qui signifie, non l'œil, mais un objet destiné à l'œil.

6. La hauteur des bases est de 0,03 centimètres ; les bustes, y compris les piédestaux, mesurent 0,22 centimètres = 12 *digiti* ou 3 *palmi* romains. Les renseignements fournis par la métrologie ne sont pas à dédaigner.

Les inscriptions tracées au burin sur le devant des deux bases donnent à la trouvaille de Neuilly-le-Réal une valeur exceptionnelle. Sous le buste d'Auguste, on lit :

CAESARI ❧ AVGVSTO

ATESPATVS.CRIXI.FIL.V.S.L.M

et sous celui de Livie :

LIVIAE . AVGVSTAE

ATESPATVS.CRIXI.FIL.V.S.L.M

La feuille de lierre (*hedera distinguens*[1]) qui remplace la ponctuation après le mot *Cæsari* est exécutée au pointillé, procédé que les graveurs sur métal aimaient particulièrement, et dont l'origine ne remonte guère au delà des successeurs d'Alexandre le Grand.

Avant d'aborder l'interprétation des textes, je ferai observer que le nombre des bustes romains en bronze, accompagnés de légendes explicatives, est on ne peut plus restreint[2]. A plus forte raison, les portraits formant pendant n'abondent pas dans nos musées; du moins, ma longue étude des monuments ne m'a pas fait connaître un second exemple qui vienne diminuer l'intérêt de l'acquisition du Louvre. On le chercherait en vain dans la collection iconographique sortie des fouilles de Pompéies.

Les inscriptions nous apprennent que nos deux bustes sont des ex-voto offerts à Auguste et à Livie déifiés. C'est là le sens de la formule sacramentelle *Votum Solvit Lætus Merito*, qui constate d'une part que le donateur s'est acquitté sans regrets d'une promesse faite dans un moment critique, et d'autre part que les divinités ont mérité la récompense qu'elles reçoivent. Le vœu étant une sorte de contrat passé entre celui qui a besoin de secours et celui qui le prête, on ne doit pas s'étonner de l'exactitude scrupuleuse que les anciens mettaient à déclarer que les deux parties contractantes avaient rempli leurs engagements. L'acte religieux est devenu un acte juridique.

Quant au consécrateur, *Atespatus, fils de Crixus*, je n'ai pas besoin de faire remarquer qu'il porte un nom gaulois, agrémenté d'une désinence romaine[3]. Ce fait seul indique assez clairement les conclusions que l'on pourra en tirer, lorsqu'il s'agira de déterminer soit la nationalité de l'artiste, soit le pays où les bustes ont été fondus. Mais une pareille tâche, entreprise dès aujourd'hui et avec les ressources bien insuffisantes dont nous disposons, ne me paraît pas susceptible d'un résultat certain. En attendant que ces ressources se multiplient, voici ma pensée. Les bustes de Neuilly-le-Réal ne sont pas des chefs-d'œuvre dans la force du terme. Placés au milieu de ces étonnantes sculptures iconographiques du siècle d'Auguste, dont le Louvre possède de si beaux spécimens, ils ne soutiennent pas la comparaison. Ce n'est pas à dire qu'ils soient dépourvus de mérite; on y remarque même une sorte d'énergie, une tendance au réalisme qui prévient en leur faveur. Mais entre les sculpteurs grecs travaillant à Rome pour la famille impériale, et l'auteur de nos bronzes, il y a la différence

---

1. Frœhner, *Sculpture antique du Louvre*, t. I, p. 60.

2. Tête de bronze (du IIIe siècle) de *M. Titius Titianus*, trouvée à Laibach (Arneth, *Hypocaustum*, p. 20. 21; pl. 8).

Une inscription dédicatoire se lit sur le diadème de la tête de bronze trouvée près de Vienne et acquise par le musée de Lyon (*Bull. dell' Instit.* 1860, p. 217). Elle n'a pas encore été déchiffrée d'une manière satisfaisante.

3. *Crixus* (cambr. *crych* = crispus) : Zeuss, *Gramm. celtica*, p. 90. 147. — M. Crixsius Antonius : Millin, *Voyage dans le Midi*, t. I, 510.

Ate-spatus est un de ces noms propres, très-fréquents, composés d'une particule (*ate-*, en latin *re-*) et d'un substantif. Voir la liste dressée par Zeuss, *Gramm. celtica*, p. 836. 840. 872, et Glück (*Keltische Namen bei Caesar*, p. 97), qui s'est notablement accrue par les découvertes récentes.

du créateur au copiste. A mon avis, nous possédons là deux échantillons de l'art gallo-romain,
peut-être des reproductions de modèles envoyés d'Italie, car ils mesurent chacun exactement trois
palmes. Les établissements métallurgiques établis chez plusieurs peuplades de la Gaule font
supposer une école d'art; la statue colossale du Mercure Arverne qu'un artiste grec (de Marseille selon
toute apparence) mit dix ans à fondre, et pour laquelle la ville de Clermont lui accorda 400,000 ses-
terces[1], prouve un grand engouement pour cette sorte d'ouvrages. Dans aucun pays du monde
on ne trouve autant de figurines antiques en bronze que dans les Gaules. Rien ne nous empêche donc
d'attribuer les nôtres à un de ces *fabri flaturarii* de province qui figurent dans nos recueils
d'inscriptions; seulement, je le répète, de telles conjectures n'ont pas une base assez solide pour
qu'il faille les accepter du premier coup. Ce sont des calculs de probabilité, rien de plus.

Nous arrivons à une question moins ardue, non moins importante. Depuis la victoire d'Octave
sur Sextus Pompée (718)[2], et surtout après 727, année dans laquelle il reçut le surnom (ἐπωνυμία)
d'Auguste, son culte se répandit rapidement dans toutes les provinces de l'Empire. L'Orient et la
Grèce avaient depuis longtemps l'habitude de diviniser des personnages vivants; la Gaule paraît avoir
imité leur exemple sans y opposer de résistance. Pour qu'une innovation de cette portée pût prendre
racine, ou, pour mieux dire, pût être accueillie avec enthousiasme sans froisser la conscience
religieuse du pays, il a fallu qu'elle y trouvât un terrain préparé. Mais, si imparfaites que soient nos
connaissances sur ces détails, nous savons au moins que la religion gauloise, à l'instar de celle des
peuples germaniques, ne permettait pas aux mortels de prendre place parmi les dieux[3]. Entre
diverses manières de résoudre ce problème, je choisis celle qui rencontrera le moins de contradicteurs.
Selon moi, les colonies grecques ont dû puissamment contribuer à la popularisation du culte des
empereurs. De plus, les Gaulois eux-mêmes ont tant de fois envahi l'Hellade et l'Asie Mineure qu'il
serait téméraire de prétendre que les apothéoses des successeurs d'Alexandre leur fussent restées
inconnues. Le territoire celtique s'étendait jusqu'aux frontières de Macédoine; les Galates étaient
entourés de royaumes grecs; bien souvent des mercenaires gaulois ont pris service dans les armées
helléniques, même chez les rois d'Égypte. Je ne concevrais point que des rapports aussi étroits avec
une nation qui déifiait ses princes ne leur eussent pas inspiré l'idée d'en faire autant, alors que le
prince qu'il s'agissait de diviniser était leur maître, et qu'on n'avait plus qu'à suivre un précédent
établi dans toutes les autres provinces.

Les inscriptions relatives au culte d'Auguste dans les Gaules sont très-nombreuses, si l'on veut
compter celles qui mentionnent les prêtres de l'autel de Lyon et les confréries des Augustales. Mais
en faisant abstraction des textes postérieurs à l'avénement de Tibère (767), il ne reste guère que
l'autel de Narbonne, dont l'épigraphe n'a pas été publiée jusqu'ici comme elle mérite de l'être[4].
Encore ce monument, consacré à l'*essence divine* (*numini*) d'Auguste, n'est-il qu'une copie, l'original
ayant dû périr dans l'incendie qui détruisit la ville sous le règne d'Antonin le Pieux. Quant à
l'inscription de l'*Ara ad Confluentes*, c'est à peine si une ou deux lettres ont survécu à sa ruine. On les
voit au musée de Lyon, à côté de quelques fragments de placage en marbre blanc, qui représentent

---

1. 107,560 francs. Ce chiffre est discutable.

2. Appien, l. V, 132 : César était alors âgé de vingt-huit ans, et déjà les villes plaçaient son image à côté de celles de leurs dieux protecteurs : καὶ ἦν ὁ Καῖσαρ ἰτῶν ἐς τότε ὀκτὼ καὶ εἴκοσι, καὶ αὐτὸν αἱ πόλεις ταῖς σφετέραις θεοῖς συνίδρυον.

3. Diogène de Laërte (*préface*) appelle une classe de prêtres gaulois : σεμνόθεοι. Mais ce mot, formé comme σημνόμαντις, doit être la traduction d'un mot celtique imparfaitement compris et signifiant plutôt θεοσεβεῖς.

4. Orelli, 2489. Herzog, *Gallia Narbonensis; append. epigr.* n. 1.

une énorme guirlande de chêne, suspendue à des haches. Une autre *ara*, élevée en l'honneur de Rome et d'Auguste au confluent de la Charente et de la Seugne, est mentionnée dans l'inscription de l'arc de triomphe de Saintes. Je ne parle pas de l'autel de Bordeaux[1] que les historiens rapportent également au siècle d'Auguste[2]. Il me paraît d'une date beaucoup plus récente.

On dira, non sans raison, que ces points controversés gagneraient à être traités plus largement. Mais dans une question aussi vaste, il est moins facile de se contenir que de se laisser entraîner sur la pente des digressions. Mon but n'est pas d'écrire l'histoire des Gaules sous le gouvernement d'Auguste; je me contente d'expliquer l'intérêt qui se rattache à nos bronzes, de les mettre à leur véritable place, d'examiner les faits nouveaux qu'ils nous apprennent et les faits déjà connus qu'ils confirment ou qu'ils modifient. Ce principe admis, mieux vaut se renfermer dans des limites trop étroites que de disproportionner les parties au préjudice de l'ensemble.

Nous passons à la légende du buste de Livie : LIVIAE AVGVSTAE, extrêmement curieuse, parce que du vivant de son époux l'impératrice n'avait pas le droit de s'appeler *Augusta*. Pour aplanir la difficulté, il ne faut pas perdre de vue que la dédicace d'Atespatus était un acte privé et non un document émané de l'autorité. De plus, les provinciaux, avec leur instinct d'adulation servile, ont souvent anticipé sur les flatteries officielles de Rome, lorsque l'intérêt leur commandait de gagner ou de remercier quelque protecteur haut placé. Ainsi sur une monnaie de Smyrne[3], antérieure à l'année 752, puisqu'on y voit les têtes de Livie et de Julie, la première est appelée *Junon*, l'autre *Vénus*[4] ; de même, une petite localité de la Sicile invoquait Livie comme déesse[5]. Mais il n'est pas même nécessaire de recourir à des analogies aussi éloignées[6]. Sur une pierre tumulaire, découverte à Rome et conservée aujourd'hui au musée de Naples[7], une femme grecque est intitulée : « Esclave chargée des robes de gala de *Livie Auguste*. » Cette inscription est probablement antérieure à l'acte d'adoption à la suite duquel Livie entra dans la famille Julienne; le texte en avait été rédigé par un garde de la bibliothèque palatine affilié à la maison impériale, qui n'aurait

---

1. Millin, *Voyage dans le Midi*, t. IV, 646. Orelli, 196 : *Augusto sacrum et Genio civitatis Bit(urigum) Viv(iscorum)*.

2. Am. Thierry, *Histoire des Gaulois*, III, 289 : « Il permit que sa personne fût invoquée conjointement avec les esprits tutélaires *par quelques cités et quelques villes*; leurs noms furent accolés sur les monuments. » Pour appuyer sa thèse, l'auteur cite l'autel de Bordeaux *et al. passim*; mais il n'en existe pas d'autres. M. Merivale (*History of the Romans under the Empire*, London, 1865, t. IV, 139) aurait mieux fait de vérifier les allégations de M. Thierry que de les reproduire.

3. Mongez, *Iconographie romaine*, t. II, pl. 20, 4; p. 72 Lenormant, *Iconogr. rom.*, pl. 6, 12. ΛΙΒΙΑΝ ΗΡΑΝ ΧΑΡΙΝΟΣ. Sur un moyen bronze d'Œa de Syrtique (L. Mueller, *Numismatique de l'Afrique*, t. II, p. 16. 19), on voit un paon et un épi à côté du buste de Livie. D'autres exemples se trouvent dans Eckhel, t. VI, 148. Ovide (*Ex Ponto*, III, 1, 117. 145) compare également Livie à Junon.

4. D'après M. Aschbach (*Livia*, p. 10), le roi Hérode, fondateur (en 742) de la ville de Césarée en Palestine, y aurait élevé une statue de Livie, représentée avec les attributs de Junon. Comparez Flavius Josèphe, *Guerre judaïque*, l. I, XXI, 7.

5. Fabretti, *Inscript.*, p. 57, 324. Orelli, 614. Selon M. Aschbach (*Livia*, p. 19), cette inscription serait fausse, ainsi que les n°⁵ 613 et 1724 d'Orelli. Elles sont authentiques toutes les trois.

6. M. de Longpérier, en traitant ce sujet, nous a donné la mesure de son érudition. Dans sa *Notice des bronzes antiques du Louvre*, il dit à la page 150 : « Le titre d'*Augusta* était donné à Livie dans quelques provinces (*sic*), voir l'inscription LIVIAE. DRVSI. F. AVGVSTAE. MATRI. CAESARIS. ET. DRVSI. GER-MANICI. SVPERAEQVANI. PVBLICE, gravée alors que Tibère n'était encore que césar (Romanelli, *Topograf. hist. del regno di Nap.* (*sic*), t. III, p. 134). » Un texte gravé du vivant d'Auguste et désignant Tibère, sans son nom propre, avec le seul titre de *césar*, est encore à découvrir, et je ne conseillerais à personne de l'attendre de sitôt. Mais ce qui est plus grave, c'est que l'on puisse ignorer l'ouvrage capital de M. Mommsen : *Inscriptiones regni Neapolitani latinae*, imprimé il y a vingt ans, et dans lequel (n° 5470) l'inscription de *Superaequum* se trouve ainsi reproduite : [L]IVIAE. DRVSI. F | AVGVSTI | [ma]TRI. TI. CAESARIS. ET | *Drusi Germanici* | *Superaequani public*. Livie n'y est donc pas appelée *Augusta*, mais *femme d'Auguste*. Du reste, il ne faut pas s'imaginer que M. de Longpérier ait puisé sa science dans le livre de l'abbé Romanelli; toute sa note, d'une apparence si savante, est empruntée à la collection d'Orelli (n° 613) qu'il n'a eu garde de citer et dont il n'a pas même consulté le Supplément (p. 56).

7. Mommsen, *Inscript. regni Neapol.*, 6851 (Orelli, 41. 2437) : *Byrae Canacianae; Liviae Aug(ustae) ser(vae) aveste magn(a)*. — M. Aschbach (*Livia*, p. 31) propose de mettre la virgule après le mot *Liviae*, pour que l'esclave ait trois noms!

pu ignorer qu'après la mort d'Auguste Livie était légalement tenue de porter le nom de Julia, et qu'avant cette époque elle n'avait pas le droit de s'arroger le surnom d'*Augusta*. En examinant ces faits, on devine pourquoi l'on rencontre tant de fois la formule *Livia Augusta*[1]. C'est que, longtemps avant 767, il était d'usage, à Rome aussi bien que dans les provinces, de désigner l'épouse d'Auguste sous ce titre, et la clause testamentaire qui vint le lui conférer officiellement n'était plus que la sanction suprême du fait accompli. Aux yeux des Romains elle méritait absolument cette distinction, puisque, d'après le jugement d'un contemporain[2], « elle ressemblait en toutes choses aux dieux plutôt qu'aux mortels ».

Les épigraphistes savent, du reste, que les noms de Livie n'ont jamais été sujets à une règle bien déterminée. Sur une inscription de Mytilène[3] qu'on a vainement essayé de corriger, elle s'appelle *Julie*, bien que le texte date du vivant d'Auguste et, par conséquent, soit antérieur au testament. De même, plusieurs marbres postérieurs à la mort d'Auguste[4] continuent à l'appeler fille de Drusus (DRVSI. F), alors que l'on s'attend à lire le nom de son père d'adoption. Ces exceptions méritent d'être constatées ; elles jettent toute la lumière désirable sur une question embarrassante.

Le temple de Vienne, en Dauphiné, était très-probablement dédié au souvenir d'Auguste et de Livie. Malgré l'incertitude qui règne au sujet de l'épigraphe de cet admirable édifice, honteusement négligé par la ville qui devrait en être fière, les mots principaux m'ont paru assez reconnaissables pour justifier cette attribution. Je lis sur l'architrave, en suivant les traces des clous qui fixaient les lettres de bronze : *Divo Augusto* [Divi filio] OPTIMO MAXIMO, et au-dessous, un peu en retraite : ET DIVAE AVGVSTAE. Les trois derniers mots, ajoutés après coup, n'entrent pas dans l'économie primitive de l'ornementation ; ils la contrarient, et ce détail, qui était resté inaperçu jusqu'à présent, nous permet d'assigner au monument une date certaine. Lors de la consécration de Livie, par ordre de l'empereur Claude (794), il existait déjà, et on n'avait qu'à compléter l'inscription pour placer la statue de la nouvelle divinité à côté de celle d'Auguste, comme on venait de le faire à Rome[5].

J'ai dit, au commencement de ce chapitre que les bronzes de Neuilly-le-Réal ont un intérêt sérieux pour ceux qui s'occupent de l'iconographie romaine. A ce point de vue, c'est surtout le portrait de l'impératrice, avec sa légende explicative, qui sera d'une grande utilité pour nos études. Du reste, on assure que la statue de Livie, trouvée dans le Panthéon de Pompéies, portait aussi, au moment de sa découverte, une inscription encastrée dans sa base[6].

Il ne nous reste donc plus qu'une seule question à traiter, la plus délicate de toutes, celle de l'année ou du moins de l'époque vers laquelle les bustes ont été exécutés. M. de Longpérier[7] les

---

1. Bianchini, *Camera ed inscriz. de' liberti della casa di Augusto* (Roma, 1727), p. 3. 10. 69. — Gori, *Columbarium libert. et servorum Liviae* (Florentiae, 1727), p. 126 (n° 81). — Eckhel, t. VI, 148. — Henzen, n° 6386.

2. Velleius Paterculus, II, 130 : Per omnia deis quam hominibus similior femina.

3. *Corpus inscr. græc.*, 2167[d], ligne 24 (t. II, p. 1025). Conze, *Reise auf der Insel Lesbos*, pl. 7, 1 (p. 13). K. Keil, *Philologus*, t. XXIII, 617.

4. Mommsen, dans l'*Hermès*, t. III, 67.

5. Cassius Dio, l. 60, 5 : τήν τε τήθην τὴν Λιουίαν..... ἀπεθανάτισεν, ἄγαλμά τι ἐν τῷ Αὐγουστείῳ ἱδρύσαι.

M. Amédée Thierry (*Histoire des Gaulois*, III, 299) dit : « Par une flatterie de plus, la Narbonnaise joignit au culte de l'empereur celui de sa femme Livia-Julia-Augusta (*sic*), » et pour prouver cette assertion, que Merivale (IV, 239) a eu tort d'accepter, il cite la ville des Voconces : *Dea Augusta*, qui doit son nom à la déesse gauloise Andarta, et l'inscription sicilienne mentionnée plus haut, qui est tout étonnée de se trouver au milieu des Gaules.

6. Mommsen, *Inscript. regni Neapol.*, n° 2214. Overbeck, *Pompeji*, II, 168 (seconde édit.).

7. M. de Longpérier a pris l'habitude de publier ses élucubrations dans trois ou quatre recueils différents. Son opinion relativement aux bronzes de Neuilly-le-Réal se lit dans les *Comptes rendus de l'Académie des Inscriptions*, 1868, p. 286. 322-324 ; dans la *Revue archéologique*, N. S. t. XVII, 293, et dans la *Notice* citée plus haut.

place entre 727 et 767, c'est-à-dire qu'il se ménage une latitude de plus de quarante ans. Quant à M. Léon Renier[1], il les croit postérieurs à l'an 747, chose indiscutable; mais je ne comprends pas les raisons sur lesquelles il s'appuie. Selon lui, la qualification d'*Auguste* donnée à Livie indiquerait une époque postérieure à la restauration des dieux Lares. S'il en était ainsi, le culte des Lares aurait été rétabli dès 727, année dans laquelle Octave reçut la même qualification. Je veux bien admettre que nos bronzes aient été destinés à un laraire[2]; néanmoins, si le consécrateur, attentif au décret religieux de 747, avait songé aux Lares Publics du Peuple Romain, je présume qu'il se serait conformé au vœu du prince, en offrant non de simples portraits, mais les *Génies* d'Auguste et de Livie. Or il est certain que l'on représentait le Génie impérial sous la forme d'un *togatus* qui, l'occiput voilé, tenait à la main droite une patère, au bras gauche une corne d'abondance[3]. Sans s'égarer dans un dédale de conjectures, on devine la destination primitive des bronzes de Neuilly-le-Réal, en leur appliquant tout simplement les légendes qu'ils portent. *César Auguste* et *Livie Auguste* sont l'empereur-dieu et l'impératrice-déesse; de là la nudité de la poitrine d'Auguste, qui le fait ressembler à Jupiter, et la draperie de Livie qui lui prête l'aspect d'une Junon. Aussi M. Renier semble-t-il avoir oublié que nos bustes sont des *ex-voto*. Pour accomplir un vœu, on n'attend pas telle ou telle innovation religieuse; le *votum* n'est subordonné qu'aux circonstances particulières dans lesquelles se trouve l'individu qui le prononce.

Nous voilà obligés de nous frayer un autre chemin que celui qu'ont suivi nos deux devanciers. Je ne désespère pas de le trouver. L'étude de l'antiquité n'aurait pas d'attrait si elle livrait ses secrets si facilement.

En examinant avec soin la physionomie des deux bustes, on voit que ce ne sont pas des portraits de convention. Ils se servent de pendants; bien plus, les originaux ont dû être exécutés vers la même époque ou à un intervalle peu éloigné. J'ai déjà critiqué leurs défauts, je ne veux donc pas garder le silence sur leurs qualités, et ils en ont de réelles. Auguste, qui est le mieux réussi, a une telle vérité d'expression que, sans recourir à aucune donnée historique, on dirait son âge. C'est un vieillard dans toute l'acception du mot. Le front sillonné de rides, les yeux renfoncés, avec de petits froncis aux encoignures, les joues creuses, le menton pointu, la bouche encadrée de plissures, annoncent un homme qui a dépassé la soixantaine. La figure de Livie n'est pas flattée davantage; l'artiste, en laissant une certaine saillie aux os maxillaires, n'a point dissimulé la caducité des chairs, et les plis profonds qui règnent autour de la bouche dénotent au premier aspect ce que l'on appelle trivialement une vieille femme. Si, malgré cet impitoyable réalisme, les traits de l'impératrice ont conservé une haute distinction, il ne faut pas oublier que les auteurs anciens sont unanimes à faire l'éloge de sa beauté[4].

Auguste, né le 23 septembre 691, mort le 19 août 767, atteignit presque sa soixante-seizième année. Livie mourut longtemps après en 782, et à un âge plus avancé encore, car on lui donne tantôt quatre-vingt-deux, tantôt quatre-vingt-six ans[5]. Admettons ce dernier chiffre qui réunit le plus de probabilités[6]; dans ce cas, elle avait vingt ans lors de son mariage avec Octave et soixante et onze à la

---

1. *Comptes rendus*, l. c., p. 286.

2. Suétone, *Vie d'Auguste*, ch. VII. Lampridius, *Vie d'Alexandre Sévère*, ch. XXIX.

3. Comparez cependant les observations présentées par M. Preuner, *Philologus*, t. XXIV, 251. 356.

4. Tacite, *Ann.*, l. V, 1. Velleius Paterculus, II, 75.

5. Pline, l. XIV, 59, parle de 82 ans; *Cassius Dio*, l. LVIII, 2, lui en prête 86.

6. Née en 696, elle a dû épouser Tibérius Néron vers 711, car son fils Tibère naquit le 16 novembre 712.

mort de l'empereur. Maintenant si nous parcourons la longue série des médailles à l'effigie d'Auguste, on ne saurait méconnaître une grande variété de types. Il est vrai que les monétaires, en représentant le portrait du chef de l'État, ne l'ont pas suivi année par année dans les différentes phases de sa vie; on remarque une certaine propension à le rajeunir, car aucune des pièces frappées de son vivant ne lui prête une physionomie aussi manifestement vieillie que celle de notre buste. C'est à peine si sur les monnaies de 733 il a les joues creuses. Mais les pièces émises sous le règne de ses successeurs et les monnaies restituées n'ont pas été inspirées par le même sentiment de flatterie, et nous rencontrons souvent parmi elles des exemplaires dont l'effigie est identique à celle du bronze de Neuilly-le-Réal[1]. Sur les deniers d'argent de Caligula déjà, la ressemblance est parfaite[2]. J'en conclus — et mon opinion sera partagée par tout le monde — que c'est vers les dernières années d'Auguste que nos bustes ont été fondus. Une hypothèse qui se base sur une autorité aussi sûre que la numismatique ne s'appelle plus une hypothèse : c'est un jugement sans appel.

Paris, 7 novembre 1870 (51ᵉ jour du siège).

APPENDICE[3]

LOUIS, par la Grâce de Dieu, Roi de France et de Navarre, à tous présents et à venir, salut; savoir faisons, que l'an Mil huit cent seize et le vingt-neuf du mois de mai,

Pardevant Mᵉ Gilbert Challeton, notaire royal, résidant à Neuilly-le-Réal, arrondissement de Moulins, département de l'Allier, et témoins après nommés,

Sont comparus : sieur Pierre Saulnier, propriétaire, demeurant à Neuilly-le-Réal, d'une part;

Joseph et Antoine Navrot, frères, laboureurs, demeurant ensemble au domaine des Guillemins, dite commune de Neuilly-le-Réal, d'autre part.

Les dits Navrot frères ont dit : que le sept du présent mois de mai, ils labouroient ensemble une terre dépendant du dit domaine; que la pointe de l'ariau de Joseph, l'un d'eux, rencontra un objet et le sortit de terre; ils arrêtèrent leurs bœufs, et ayant examiné ce que ce pouvoit être, ils reconnurent que c'étoit une figure. Ils fouillèrent à l'endroit qui la recéloit et y en trouvèrent une seconde.

Surpris de cette découverte, ils s'avisèrent d'appeler M. le Curé de la commune, qui, s'étant rendu sur les lieux, leur dit qu'il falloit laver ces figures pour en ôter la terre qui y étoit attachée, et qu'après il seroit plus facile de connoître qui elles représentent. Ils portèrent ces têtes au ruisseau, les frottèrent et vinrent à bout de mettre à découvert l'inscription que portoit chaque base de ces figures, et M. le Curé en fit la lecture.

Ces deux objets trouvés formoient deux têtes en bronze, appuyées, au moyen d'une clavette, sur une base de même métal, qui avoit la forme d'une soucoupe renversée.

La première trouvée avoit été séparée de sa base par la secousse qui l'avoit mise hors de la terre et brisé sa clavette; elle représentoit la figure d'une femme. L'œil gauche, fait d'émaille incrusté, rongé par la terre, étoit tombé par morceaux sous la main de celui qui avoit lavé la tête. L'œil droit étoit terni. La base de cette tête portoit pour inscription ces mots : Liviæ Augustæ Antespatus Crixi fil. *et plusieurs lettres initiales.*

La seconde, représentant une figure d'homme, étoit restée attachée à sa base, qui portoit pour inscription ces mots : Cæsari Augusto Antespatus Crixi fil. *et quelques lettres initiales. L'œil gauche de cette tête étoit aussi très-altéré, et l'émaille qui le formoit tomboit par morceaux au moindre contact.*

1. Voir Cohen, *Méd. impériales*, t. I, pl. ıv, 183. — Denier d'argent nᵒ 196.

2. Cohen, *Méd. impériales*, t. I, p. 151. 152.

3. Voir plus haut, p. 2.

D'après ces examens, les frères Navrot déposèrent les deux figures près de l'endroit où ils travailloient, et le moment de cesser leurs labeurs étant arrivé, ils se retirèrent chez eux et y transportèrent leur trouvaille.

Quelques instants après, le sieur Saulnier, après avoir visité ces figures, demanda si on vouloit les lui vendre; les Navrot répondirent qu'ils le vouloient bien.

Le père de ceux-ci dit : « Monsieur, cela vaut bien un franc de la livre. » Le sieur Saulnier répondit : « Ce seroit peut-être cher pour une personne qui voudroit mettre ces objets à la refonte, mais comme mon intention, en les achetant, seroit de les conserver, je vous en offre trente sols de la livre. » Les Navrot répondirent : « Nous acceptons votre offre. » Ils firent alors la pesée des têtes qui pesèrent ensemble, y compris leurs bases, quatre kilogrammes deux hectogrammes. Le sieur Saulnier leur compta la somme de treize francs, qu'ils retirèrent et lui firent la délivrance des deux têtes, dont ils lui transmirent la pleine propriété.

Enfin, les Navrot ont dit que, par ces présentes, ils consentent quittance au profit du sieur Saulnier du prix de la vente qu'ils lui firent alors.

Le sieur Saulnier, comparant, nous a requis acte, tant de la déclaration des dits Navrot que de la transmission de propriété et de la quittance qui y sont contenues, ce que nous lui avons octroyé.

Mandons et ordonnons à tous huissiers, sur ce requis, de mettre les présentes à exécution, &c., &c.

Car ce fut ainsi fait. Lu et clos, en l'étude, à Neuilly-le-Réal, le dit jour, vingt-neuf mai mil huit cent seize, en présence de Laurent Favié, boulanger, et Jean Bouillot, garde forestier, tous deux demeurant à Neuilly-le-Réal, témoins requis, qui, et le sieur Saulnier, ont signé avec nous, notaire, non les frères Navrot, pour ne savoir, ainsi qu'ils l'ont déclaré, de ce par nous requis.

La minute est signée : *Saulnier, B. Favié, Bouillot, et Challeton, notaire.*

En marge est écrit : *Enregistré, &c.*

VASE DU MUSÉE DE SAINT-GERMAIN

— Pl. 3 —

ᴌ y a deux ans, je fis faire au Musée gallo-romain de Saint-Germain l'acquisition d'un vase qui n'est pas sans importance pour l'histoire de la céramique ancienne. Par qui, dans quelle année, à quel endroit avait-il été trouvé? on l'ignore; mais tout porte à croire qu'il vient du midi de la France. Les renseignements que j'ai pu recueillir à ce sujet sont insuffisants. On sait que le vase avait fait partie de la collection de M. Sallier, receveur particulier à Aix-en-Provence, et qu'à la vente du cabinet de cet amateur célèbre il fut acheté par M. Penchaud, architecte, le même qui eut le mérite de prendre une part active à la restauration des monuments romains de la Provence. Je possède une note autographe du marquis de Lagoy, mort à Aix le 16 avril 1860, qui s'était proposé de publier un ouvrage sur la poterie antique. Cette note, consacrée à l'explication des deux médaillons qui décorent notre vase, ne manque ni d'esprit, ni d'érudition, mais elle n'est pas à la hauteur de la science actuelle, et ce serait oublier le respect dû à la mémoire d'un savant distingué que de livrer

aujourd'hui à l'impression une étude destinée aux archéologues de 1820. Ensuite, la lithographie qui accompagne le manuscrit est très-imparfaite ; le déchiffrement de l'inscription n'avait pas réussi davantage. Nous ferons donc bien d'entrer en matière sans nous préoccuper du travail de M. de Lagoy.

Commençons par la forme du vase. La panse ressemble à une boîte circulaire, peu profonde et dont le dessus est légèrement bombé. Un col très-court, auquel se rattachent deux petites anses, est planté dans l'épaisseur de cette boîte. Autrefois on donnait à ce genre de flacons, que l'on peut comparer aux eulogies chrétiennes, le nom de *lagœna* (λάγυνος)[1]. L'un des sujets dont il est orné semble prouver qu'il a dû servir de gourde et contenir du vin. La terre rouge est enduite d'un vernis qui a beaucoup souffert à la suite d'un nettoyage imprudent.

Mais il est temps de jeter notre regard sur les deux grandes compositions en relief qui couvrent cette curieuse épave de l'art gallo-romain. D'un côté on voit la lutte entre Marsyas et Apollon, de l'autre le concours, moins inégal, d'Hercule et de Bacchus. Le vin et la musique, voilà deux choses que les anciens ne dédaignaient guère; le joueur de flûte avait sa place marquée dans leurs dîners d'apparat. De plus, on a souvent constaté les rapports qui existaient entre le culte apollinien et le culte bachique. C'est donc avec une intention évidente que les sujets ont été choisis et réunis sur le même vase à boire. En y réfléchissant, peut-être y trouverait-on une idée plus profonde encore, car les médaillons représentent tous les deux un défi porté à une divinité et qui ne peut tourner qu'au désavantage du provocateur. L'artiste avait donc la prétention de donner aux buveurs une leçon de morale.

Quant à la fable de Marsyas et aux nombreux monuments qui en retracent les péripéties, je puis être bref, la question ayant été débrouillée par les antiquaires les plus habiles[2]. Au milieu du tableau on aperçoit les deux rivaux, de taille colossale, placés sur une estrade, ainsi qu'il convient à des concurrents qui sont en présence de leurs juges. Apollon est assis; une chlamyde recouvre ses jambes. Sa tête, couronnée de laurier, est entourée d'un nimbe qui caractérise sa double qualité de dieu et d'acteur principal du drame. Ses cheveux sont noués sur la nuque. De la main gauche il tient une lyre à cinq cordes, appuyée sur son genou; dans l'autre, tendue en avant, il porte le plectrum. Ce geste indique qu'il adresse la parole à Marsyas, sur lequel, du reste, il jette un regard plein de fierté. Les savants qui ont interprété des scènes analogues se sont mépris sur la signification de l'attitude d'Apollon; nous verrons tout à l'heure que notre vase ne laisse plus d'incertitude à cet égard.

En face du joueur de lyre se trouve Marsyas, debout, entièrement nu, la chevelure et la barbe incultes. Les jambes écartées pour avoir plus de force, il souffle résolûment dans ses deux flûtes, qui ne sont déjà plus si primitives puisqu'elles sont garnies de clefs. Le satyre paraît avoir pleine confiance dans son art; il me rappelle le jugement de Gœthe sur les gondoliers de Venise qui chantent les stances de l'Arioste et du Tasse. « Ces hommes, dit le grand poëte, ont la voix rauque et criarde.

---

1. L'erreur a été démontrée depuis par O. Jahn (*Berichte der sæchsischen Gesellschaft*, 1857, p. 197; Marquardt, *Handbuch der roem. Alterthümer*, t. V, 2, 245; pl. IV, 12); et cependant la *lagona* trouvée en 1867 à Paris, dans la Cité, se rapproche de la forme du vase Sallier (Ch. Read, *Revue archéologique*, 1868, t. II, 226; pl. XXII).

2. Aux citations que j'ai faites dans ma *Notice de la Sculpture antique du Louvre*, p. 103-110, il faut ajouter : Kenner, *Fundchronik*, 1856-58, p. 134. — Stephani, *Compte rendu*, 1862, p. 82. — Michaëlis, *die Verurtheilung des Marsyas* (Greifswalde, 1864). *Anaglyphi Vaticani explicatio* (Tubingae, 1865). *Archæologische Zeitung*, 1869, p. 41-50. — Helbig, *Wandgemælde Campaniens*, p. 61-66. — O. Jahn, *Berichte der sæchsischen Gesellschaft*, 1869, p. 15-24.

Comme tous les gens sans éducation, ils s'imaginent que la plus belle musique est celle qui fait le plus de tapage. »

Malheureusement, en dépit des efforts de Marsyas, la victoire le trahit. Déjà son adversaire paraît assuré du triomphe ; l'inscription métrique, gravée sur le devant du *béma*, reproduit les termes par lesquels Apollon se plaît à foudroyer son émule vaincu :

PALLADOSENSTVDIODIDI
CISTIMARSYACANTVDV
MQVETIBITITVLVMQVAE
RISMALAPOENAREMAS

Ces quatre lignes sont très-difficiles à lire et il m'a fallu de longues études pour arriver à un résultat acceptable[1]. Aujourd'hui je suis à peu près certain de ne pas me tromper en lisant :

Pallados en studio didicisti, Marsva, cantu[m],

Dumque tibi titulum qua[eri]s, mala pœna rema[n]s[it].

C'est grâce à la faveur de Pallas que tu as appris l'art de jouer (de la flûte), *ô Marsyas, et au lieu d'un titre de gloire que tu recherches, un cruel châtiment t'est réservé.*

L'élégance des vers, la netteté de la construction et le génitif grec *Pallados* prouvent que le distique date d'une assez bonne époque de la poésie latine. L'*m* finale de *cantum* et l'*n* de *remansit* semblent avoir été supprimées faute de place, car à d'autres endroits les nasales, que l'on ne prononçait pas alors comme on le fait maintenant, sont restées. Quant au dernier mot, Firmicus Maternus[2] se sert de la même expression, en disant : « Stat sentencia, *manet poena*, ignis imminet. »

Derrière l'estrade peu élevée sur laquelle le concert a lieu, se dresse le tribunal. Il est occupé par les juges, trois Muses, ceintes de diadèmes. La première, en partant de gauche, a les jambes recouvertes d'un manteau ; la seconde est assise sur sa chlamyde ; la troisième a le bras droit posé sur l'épaule de sa voisine. Le même nombre de Muses se retrouve sur quelques vases peints[3]. La partie antérieure du tribunal est décorée de deux Amours en relief, portant un disque sur lequel, d'après le dessin de M. de Lagoy, est sculptée une palme. Cet emblème de la victoire (s'il a jamais existé) ne saurait se rapporter uniquement au succès d'Apollon ; quoi de plus simple que de choisir un pareil ornement pour la tribune des juges appelés à décerner la palme dans les concours de musique? D'ailleurs, Vénus ayant été l'amie de Marsyas, il serait surprenant que les Amours fussent chargés de féliciter le vainqueur.

La scène à laquelle nous assistons imite, à n'en pas douter, la procédure judiciaire des Romains ; à ce point de vue, elle offre un intérêt considérable. La cour siége à ciel ouvert, non dans une basilique. Le banc des Muses[4] remplace la chaise curule du préteur et les *subsellia* de ses assesseurs. L'élévation du tribunal mérite les épithètes d'*excelsum, altum, sublime* que les auteurs anciens lui donnent. Derrière chaque adversaire se rangent ses patrons, ses avocats, ses amis, non sur un

---

1. Le moule n'a laissé qu'une empreinte défectueuse, et plusieurs lettres ont été presque effacées lors du nettoyage du vase. A la seconde ligne, les lettres N et T sont liées ensemble.

2. Pag. 21, éd. Bursian.

Une autre épigramme sur Marsyas se trouve dans l'*Anthologie latine* (Burmann, I, 138. Meyer, 665. *Codex Salmasianus*, page 94).

3. *Archæol. Zeitung*, 1869, pl. XVII (vase de Ruvo). — Dubois-Maisonneuve, t. I, 6 (Millin, *Magasin encyclopédique*, t. LXXVII, 277).

4. Sur le vase de Ruvo, cité plus haut, une des Muses lit le jugement dans un *volumen* éployé.

marchepied, mais sur le pavé même du forum. Cette séparation des deux parties avait motivé l'expression *subsellia adversa*. Du reste, il n'y a que deux personnes assises; les autres se tiennent debout, formant un cercle (*corona*) autour du *béma* réservé à l'accusé et à l'accusateur.

Il faut l'avouer, rarement on aura vu un jour d'audience plus brillant. Quatre déesses sont venues prêter leur protection à Marsyas. Cybèle, assise au premier plan, porte la couronne murale et appuie le bras droit sur un tambourin. Minerve, casquée et revêtue de l'égide, sur laquelle on distingue un mascaron de Méduse, tient une lance à la main. Sa présence est nécessaire, car nous venons d'apprendre, par Apollon même, qu'elle est la maîtresse de musique du satyre, et tout le monde sait que la flûte est son invention. Sur un miroir étrusque[1] on la voit en conversation avec son élève, qui reçoit là probablement sa première leçon. Le bas-relief du Louvre nous la montre au moment de la défaite; pleine de sollicitude, elle pose la main sur l'épaule de son protégé dont elle veut épargner la vie, et en même temps elle retourne la tête vers Cybèle pour l'engager à intercéder en faveur du vaincu[2]. Les têtes accolées de Minerve et d'un Silène que l'on trouve sur quelques pierres gravées pourraient se rapporter à cette amitié; mais j'hésiterais à ranger dans la même catégorie les masques de Silène, appliqués parfois, en guise d'ornement, sur le casque de la déesse.

La troisième figure est moins facile à reconnaître. Elle est drapée, diadémée, et porte un sceptre. Nous avons le choix entre Junon et Vénus; je préférerais cette dernière à cause de la présence des Amours. Quant au personnage qui est placé au-dessus et qui lève le bras gauche comme s'il était émerveillé du talent de Marsyas, c'est un jeune satyre.

Nous passons à la partie adverse, qui ne se compose que de trois personnages. Mercure, reconnaissable à son chapeau ailé, à son caducée et à son manteau jeté sur l'épaule gauche, est le protecteur naturel des joueurs de lyre. Son éloquence fait présumer qu'il rendra de bons services à celui qu'il vient défendre devant la barre du juge. Décidément, Apollon suit l'exemple des Romains, qui avaient soin de choisir un bon avocat, *vir disertissimus,* pour plaider leurs causes; le dieu ne pouvait mieux s'adresser.

A côté de Mercure, une femme diadémée, vêtue d'un chiton et d'un manteau, s'appuie sur un sceptre. Je crois apercevoir un carquois sur son épaule droite; rien ne nous empêche donc de la prendre pour Diane, qui n'aurait eu garde de manquer à son frère dans une circonstance aussi critique.

De nouvelles difficultés surgissent lorsqu'on arrive à la dernière figure qui nous reste à expliquer, celle qui fait face à Cybèle. C'est une femme drapée, assise sur l'estrade. Ses yeux sont tournés vers les deux antagonistes, comme si elle écoutait avec la plus grande attention; sa main gauche repose nonchalamment sur ses genoux, de la droite elle soutient son menton. Sur tout autre monument relatif à la légende de Marsyas, on prendrait cette femme pour Polymnie, dont elle affecte l'attitude méditative. Mais ici, il est impossible de songer à Polymnie, car la place des Muses est sur le tribunal, et on ne saurait être juge et partie à la fois. Le sarcophage de l'ancien musée Campana nous montre une jeune fille qui, assise sur un rocher, écoute dans une sorte d'extase les mélodies du concert. Elle est à moitié nue; la tête appuyée sur le bras, elle a le regard fixé sur Apollon. Pour moi, c'est

---

1. Gerhard, t. I, pl. 69.
2. Ma *Notice de la Sculpture antique du Louvre*, p. 104. L'attitude

de Minerve y est expliquée différemment, mais à tort. La déesse est l'amie et non l'ennemie de Marsyas.

sans contredit la même personne que nous retrouvons sur le vase Sallier. La place d'honneur qu'elle occupe est l'indice d'un rang élevé, bien qu'elle ne porte ni sceptre, ni diadème. Rien cependant ne paraît plus malaisé que de constater son identité; et nous sommes mieux en état de dire ce qu'elle n'est pas que de dire qui elle est [1].

Avant de finir, embrassons d'un coup d'œil l'ensemble de la composition.

Quatorze personnages sont réunis dans un espace restreint. Pour grouper une assemblée aussi nombreuse, l'artiste a adopté sept grandeurs différentes. Comme de juste, les principaux acteurs ont des proportions gigantesques, Apollon surtout, qui dépasserait le médaillon s'il lui prenait fantaisie de se lever de son siége. L'auditoire est échelonné sur trois plans; les Muses, placées sur un petit rocher, ont à peu près la valeur d'un groupe de marbre; enfin, les Amours sont d'une taille plus petite encore, qui, du reste, est tout à fait en rapport avec leur âge et le rôle qu'ils remplissent. Ceci ne s'appelle pas encore de la perspective; mais il y a déjà le pressentiment de la perspective. Les grands bronzes romains se tiennent dans cette limite, et il existe comme un lien de parenté entre les modeleurs de vases à reliefs et les monétaires du haut Empire. Gardons - nous de demander aux uns ce que l'on ne trouve point chez les autres.

Le revers du vase nous transporte dans un milieu moins sérieux. La cour de justice cède le pas à un de ces gracieux tableaux du culte bachique, si gais, si réjouissants, si pleins d'esprit et d'originalité. Cette fois, trois figures principales viennent fixer notre attention. Un lit de repos a été dressé dans une salle dont la paroi du fond est cachée par un rideau. A moitié étendu sur cette *kliné*, Bacchus lève triomphalement le bras droit; il tient à la main un énorme canthare, non pour en boire le contenu, mais pour montrer qu'il l'a vidé d'un seul trait, car le vase est renversé. Le jeune dieu est couronné de pampres; son manteau ne recouvre que le bas du corps et retombe en écharpe sur le coude gauche qu'il appuie sur l'oreiller. Ariadne, assise sur le même lit et couronnée de feuillage comme son époux, lève également le bras droit, en se tournant vers les personnages du cortége qui ont formé un cercle autour des trois divinités. La compagne de Bacchus est entièrement nue, et c'est à peine si le pan de sa chlamyde cache une partie de son bras. Au pied de la *kliné*, Hercule, dépouillé de ses attributs ordinaires, se repose de ses fatigues. Il ne s'agit pas aujourd'hui d'accomplir quelque exploit périlleux, car le héros tient à la main un *scyphus* cannelé d'un poids tel qu'il est obligé de l'appuyer sur sa cuisse. Son bras droit pend le long du corps, ses yeux sont dirigés vers Bacchus; tout dans son attitude dénote l'étonnement qu'il éprouve en voyant le talent prodigieux du dieu de la vigne.

Sur une petite table à trois pieds, placée au premier plan, on aperçoit un gobelet, une petite tasse, munie d'une seule anse, et un *simpulum* qui sert à remplir les coupes. La massue noueuse d'Hercule, inutile pour le moment, gît à terre, à côté de la panthère bachique qui paraît réparer ses forces après avoir couru toute la journée. Un singe, accroupi devant elle, joue de la syrinx [2], car un festin sans musique n'a pas de charme.

La suite de Bacchus, d'ordinaire si nombreuse, n'est représentée que par quatre figures. Un satyre porte une petite panthère sur le bras. Une bacchante bat le tambourin. Le vieux Silène tient un thyrse, et au-dessus de sa tête on distingue une pomme de pin. Enfin, un jeune satyre, qui a les

---

1. Voyez à ce sujet ma *Notice de la sculpture antique du Louvre*, p. 107.

2. La même figure se retrouve sur un vase de verre décrit dans *l'Indicateur archéol. de Berlin*, 1867, p. 23*.

jambes croisées, lève le bras droit pour témoigner la part qu'il prend au succès de son maître.

Divers attributs qui ne manquent guère dans les tableaux de ce genre sont suspendus au-dessus du rideau. Je crois reconnaître un pedum, deux petits flambeaux entre-croisés, une paire de cymbales attachées ensemble, un second pedum et une flûte de Pan. Cette richesse d'emblèmes jointe à la rareté du sujet suffirait certainement pour justifier la description détaillée que j'en donne; mais l'artiste a voulu nous ménager une dernière surprise, une de celles auxquelles les antiquaires sont toujours sensibles. Sur une petite banderole qui se déroule le long de la cuisse droite d'Hercule, on lit la signature de l'auteur : APOLLINAR. CERA. C'est donc un artiste romain[1], du nom d'*Apollinaris*, qui a modelé les deux bas-reliefs, on peut même dire inventé, car, si certaines figures ne sont que des copies de types connus, la composition paraît être la légitime propriété de celui qui a jugé à propos d'y apposer son nom. Dans un des chapitres suivants nous rencontrerons toute une série de modeleurs en cire.

Le sujet du second médaillon est connu par la fameuse patère d'or de Rennes, conservée au Cabinet des Médailles[2]. Mais les ciseleurs antiques avaient d'autres habitudes d'atelier, imitaient d'autres modèles que les décorateurs de vases, de sorte qu'il y a de notables divergences dans les deux manières d'interpréter le même mythe. Un seul détail pourra nous être utile. On connaît assez exactement l'âge de la patère de Rennes, les deniers d'or qui y sont incrustés s'arrêtant au règne de Septime-Sévère. A mon avis, et d'après celui du marquis de Lagoy, la gourde du musée de Saint-Germain ne saurait être postérieure à cette date, car, si l'exécution en est barbare, les inscriptions n'appartiennent guère à la décadence. Millin déjà avait fait remarquer que Bacchus et Hercule, les deux conquérants héroïques, étaient devenus les dieux protecteurs de la famille de Septime-Sévère[3]. On comprend donc que les artistes du commencement du iiie siècle aient reproduit de préférence un sujet qui intéressait directement la famille impériale.

Les auteurs anciens ne parlent nulle part d'un défi porté par Hercule à son ami et compatriote. Néanmoins le fait est vraisemblable, car ils jouissaient tous les deux de la réputation, bien fondée, de buveurs émérites. Sur un vase peint de la Grande Grèce, on voit Hercule assis au bas de la *kliné* sur laquelle Bacchus et Ariadne sont couchés[4], exactement comme sur le médaillon d'Apollinaris. Mais là, le héros ne boit pas. L'explication de l'*emblema* de Rennes, quelque certaine qu'elle soit, n'est pas non plus la seule admissible, car Bacchus y soulève son rhyton pour remplir la coupe d'Hercule et nullement pour montrer qu'il vient de le vider. Les derniers doutes s'effacent devant notre vase, où l'attitude des figures exclut toute idée autre que celle d'une victoire remportée par le dieu de la vigne, et où la comparaison de la lutte entre Apollon et Marsyas nous conduit logiquement à l'hypothèse d'un pari semblable, engagé entre les deux fils de Jupiter. La source de cette légende nous échappe. Faut-il la chercher dans une tradition locale ou dans quelque poëte comique? On a trop souvent abusé du droit de poser et de trancher de pareilles questions pour que j'aie envie de m'exposer moi-même à un si facile démenti[5].

---

1. Un miroir, trouvé à Palestrina et représentant Marsyas et un Panisque, porte la signature : *Vibis Pilipus cailavit* (*Comptes rendus de l'Académie des Inscriptions*, 1867, p. 52.)

2. N° 2537. Voir : A. L. Cointreau, *Dissertation sur le vase d'or trouvé à Rennes*. Paris, 1802. — Millin, *Monuments inédits*, t. I, pl. 24; p. 225. *Nouvelle galerie mythol.*, pl. 194, 685. — Toulmouche, *Hist. archéol. de l'époque gallo-romaine de la ville de Rennes*, p. 290-295 (pl. 16 *bis*). — Friederichs, *Bausteine*, n° 790.

3. Preller, *Rœmische Mythologie*, p. 719.

4. Millin, *Peinture de vases*, t. I, 36. Guigniaut, *Nouvelle galerie mythol.*, pl. 126, 457. — Un vase célèbre du musée Campana représente Hercule et Bacchus se livrant au jeu du *Kottabos*.

5. Je vois maintenant que l'objet que l'on aperçoit au-dessus de la tête de Silène est plutôt une grappe de raisin. L'épiderme du vase a tellement souffert que les détails sont devenus presque méconnaissables.

ARTÉMIS AILÉE

VASE PEINT DU CABINET DE M. DUTUIT

(Ancienne collection de S. A. I. le Prince Napoléon)

— Pl. 4 —

 UR le devant d'une charmante *œnochoé* [1], sortie selon toute probabilité d'un des ateliers céramiques de Capoue, nous voyons une jeune femme debout, tournée vers la droite. Son vêtement n'a rien de particulièrement remarquable. Un double chiton (διπλοΐδιον) de laine, à manches courtes, brodé et finement plissé, retombe jusqu'à ses pieds. De la main gauche avancée elle tient un arc et une flèche; un carquois est suspendu sur son épaule au moyen d'une banderole rouge qui passe obliquement sur la poitrine. Nul doute, nous avons sous les yeux une de ces fréquentes représentations d'*Artémis chasseresse* que les antiquaires reconnaissent à première vue.

Mais ce qui prête une valeur exceptionnelle à notre figure, ce sont les deux grandes ailes de cygne dont elle est pourvue et que l'artiste a maladroitement déployées dans les deux sens, comme si la déesse était posée de face.

La chevelure d'Artémis, bouclée sur le front à la façon archaïque, est enveloppée d'un bandeau dont on peut suivre l'ajustement. Les deux bouts de la ténie sont réunis derrière le diadème; un chignon (*krobylos*) quelque peu ébouriffé domine le haut de la tête. Les bijoux qui, à défaut de dorure, sont rendus par une teinte pourpre, se composent d'un collier et d'une paire de ces bracelets en spirale (γναμπταὶ ἕλικες) qui sont déjà mentionnés dans les poésies d'Homère et dont on retrouve de nombreux exemplaires dans les tombeaux de l'Age du Bronze. On le voit, le dessinateur, très-scrupuleux, indique jusqu'aux moindres accessoires. Le fermoir du collier, l'anneau du carquois, son couvercle conique, le morceau de fourrure qui servait à le recouvrir en temps de pluie, le fer de la flèche, — il a tout reproduit avec exactitude. Le bas de la robe est froncé, la

---

1. Peinture rouge et pourpre sur un fond noir du plus brillant vernis. Deux palmettes sont appliquées, l'une à la naissance, l'autre sur le devant de l'anse, au-dessus de l'orifice trilobé du vase. Le sujet est bordé, en haut, d'une petite ligne d'oves; en bas, d'une frise de méandres alternant avec une variété du carré creux. — Hauteur (sans l'anse), 24 centimètres. Ce vase fut acheté par M. Dutuit, de Rouen, au prix de 2,000 francs. Voir : *Collections de S. A. I. Monseigneur le Prince Napoléon*. Antiques (Paris, 1867; brochure de 87 pages, imprimée pour l'usage particulier du Prince et non mise dans le commerce), p. 47, n° 219. — W. Frœhner, *Catalogue d'une collection d'antiquités* (Paris, 1868), n° 74. — *Souvenir de l'Exposition de M. Dutuit* (Paris, 1869), p. 87, pl. 31.

Ce chapitre a été réimprimé d'après mon *Choix de vases grecs inédits* (Paris, 1867). La plus grande partie des exemplaires de cet ouvrage ayant péri dans l'incendie du Palais-Royal, dans la nuit du 23 au 24 mai 1871, j'ai cru rendre service aux antiquaires en reproduisant dans les *Musées de France* les planches et la description que j'en avais donnée.

Le texte a dû être modifié à la suite de quelques découvertes récentes. J'ai tâché de tenir compte des observations présentées par MM. Conze (*Gœttinger gelehrte Anzeigen*, 1868, p. 1417-1424), Bursian (*Litterarisches Centralblatt*, 1869, p. 912-913), Engelmann (dans Lützow, *Zeitschrift für bildende Kunst*, t. IV, 230-232) et Chesneau (*Constitutionnel* du 12 mars 1868).

bordure supérieure ourlée d'un fil rouge, enfin sur les courroies au moyen desquelles les ailes sont attachées aux épaules on aperçoit une rangée de petits clous enfoncés dans le plumage.

Après cette description, un peu minutieuse, du costume, il ne me reste à mentionner que l'animal favori d'Artémis, *la biche*, qui va sans crainte au-devant de sa maîtresse et que celle-ci accueille avec bienveillance en la caressant de la main ou plutôt en lui donnant à manger.

Le style de notre peinture appartient incontestablement aux débuts de la belle époque de l'art grec. Les origines de la fabrication des vases à figures rouges se détachant sur un fond noir remontent au vi[e] siècle avant notre ère; cette industrie arrive à son apogée vers l'époque de Philippe de Macédoine. Mais dans le long espace compris entre le premier germe et le jour de la floraison, nous distinguons une multitude de périodes intermédiaires dont on n'a pas encore essayé de circonscrire les limites ni de préciser le caractère. Si je ne me trompe, l'*œnochoé* de la collection Dutuit doit être placée dans la première moitié du ve siècle avant l'ère chrétienne. Après le défaut de dessin que j'ai déjà relevé, on n'aura qu'à observer la raideur de la pose et des bras, la ténuité exagérée des corps d'Artémis et de la biche, les petits plis symétriques du chiton, imitant le tissu de la laine, la longueur des pieds et des doigts, les boucles de cheveux superposées sur le front, pour découvrir autant de vestiges de la tradition ancienne. L'idée de revêtir Artémis d'une robe longue, au lieu de l'habiller d'un costume de chasse, convient presque exclusivement à cette même école primitive. Je vais plus loin : la physionomie de la déesse offre une ressemblance frappante avec certains monuments archaïques qui représentent son frère Apollon, surtout avec la tête de bronze d'Herculanum et celle, en pierre calcaire, de l'île de Chypre [1].

Faudra-t-il, en face d'une telle série d'indices, parler des deux rouelles appliquées contre l'anse du vase, et qui, elles aussi, sont la preuve irrécusable d'une haute antiquité?

Avant de scruter le sens mythologique du sujet, rappelons-nous que les artistes grecs de la belle époque, aussi bien que les poëtes, n'admettent généralement d'autres figures ailées qu'un nombre très-restreint de divinités d'ordre inférieur [2]. Quant aux dieux de l'Olympe, on n'avait pas l'habitude de leur donner des ailes, — quelques rares exceptions ne font que confirmer la règle. Mais il n'en est pas de même de l'époque primitive, dont toutes les productions trahissent à la fois un goût moins épuré et une dépendance plus immédiate de l'art oriental. Sur le coffre de *Cypsélus*, ouvrage du viie siècle avant notre ère, on voyait une *Artémis ailée*, tenant de la main droite une panthère, de l'autre un lion [3]. C'est la *Diane asiatique*, déesse de la chasse comme l'Artémis grecque, et qui nous est connue par de nombreuses reproductions [4]. Je sais bien qu'il y a une

---

1. *Bronzi d'Ercolano*, t. I, p. 241. 243. David, t. VI, p. 102. 103. — Frœhner, *Catalogue of select Antiquities* obtained from the excavations made by general de Cesnola (London, 1871), n° 294, pl. 2.

2. F. G. Dœring, *De alatis imaginibus apud veteres* (Gothae, 1786). — C. L. Junker, *Ueber Fluegel und gefluegelte Gottheiten* (Francfort, 1786). Cet opuscule, traduit en français, se trouve dans le *Recueil de Pièces intéressantes* (par Jansen), t. VI (Paris, an V), p. 317, et dans le *Recueil de traités sur l'Allégorie* (Paris, an VII), t. II, 399. — Voss, *Mythologische Briefe*, vol. II, 1-64. — E. Gerhard, *Ueber die Flügelgestalten der alten Kunst* (Gesammelte akademische Abhandlungen, vol. I, p. 157 et suiv.). — Zoëga, *Ueber die geflügelten Gottheiten*: mémoire posthume annoté par Welcker, *Musée rhénan*, 1838, t. VI, p. 579-591; voir surtout p. 587.

Je laisse de côté les monuments romains, tels qu'une intaille représentant *Artémis Séléné*, ailée, assise sur un taureau. Müller-Wieseler, *Denkmaeler der alten Kunst*, vol. II, pl. 16, 176[a]. — Monnaie d'Olba en Cilicie, frappée sous Antonin : *Artémis* ailée, dans un char traîné par deux bœufs. *Revue numismatique*, 1854. p. 21 (pl. 3, 16).

3. *Pausanias*, V, 19, 5 : Ἄρτεμις δὲ οὐκ οἶδα ἐφ' ὅτῳ λόγῳ πτέρυγα, ἐχουσά ἐστιν ἐπὶ τῶν ὤμων, καὶ τῇ μὲν δεξιᾷ κατέχει πάρδαλιν, τῇ δὲ ἑτέρᾳ τῶν χειρῶν λέοντα.

4. Gerhard, *Denkmaler und Forschungen*, 1854, p. 177 et suiv. 193 (pl. 61-63). *Arch. Anzeiger*, 1854, p. 499. — *Bullettino arch. napolitano*, nuova serie, vol. VII, pl. 14. — *Indicateur archéol. de Berlin*, 1866, p. 257*, pl. A (brique trouvée à Mycènes). — A. Salzmann, *la Nécropole de Camirus* (plaques d'or estampées ayant fait partie d'un collier phénicien. Musée du Louvre).

énorme distance entre l'image d'une femme étreignant des bêtes fauves, et notre peinture où elle caresse une biche; mais il n'est pas difficile d'en prouver la connexité.

Un vase grec du plus ancien style, trouvé dans l'île de Théra[1], représente Artémis à peu près dans la même attitude et portant le même costume que sur le vase Dutuit. Tournée à droite, les avant-bras et les pieds nus, les ailes éployées, elle prend un lion par les oreilles. Sur d'autres monuments, de date plus récente, le lion qu'elle dompte avec une si merveilleuse aisance devient un simple motif de décoration, ou bien se trouve remplacé par des animaux moins terribles, le cerf[2], le cygne ou le lièvre.

On le voit, le sujet de notre *œnochoé* est plus pacifique encore : on dirait un petit tableau de genre. A mesure que les forêts de l'ancienne Grèce ont vu disparaître leurs hôtes dangereux, la déesse de la chasse a perdu son air de férocité. L'art marche toujours de pair avec les progrès de la civilisation.

Les divinités ailées sont une propriété commune à la plupart des religions de l'antiquité. Des exemples égyptiens, babyloniens, étrusques se présentent d'eux-mêmes à la mémoire. Les géants de l'Edda sont revêtus de la dépouille d'un aigle, les déesses scandinaves portent le plumage d'un faucon; la chemise faite du duvet d'un cygne a donné naissance à une des plus ravissantes traditions de la mythologie germanique. Pour arriver sur la terre, les dieux, qui habitent les hauteurs de l'Olympe, doivent nécessairement traverser les airs[3]; quoi de plus naturel pour un poëte ancien que de leur prêter les ailes de l'oiseau?

Toutes les fois qu'une nouvelle découverte vient combler une des lacunes de la science, elle répand la lumière sur des sujets qui jusque-là sont restés inexpliqués. Notre *Artémis ailée* se retrouve, elle aussi, sur plusieurs vases publiés depuis longtemps; mais l'absence d'attributs caractéristiques a empêché les savants de la reconnaître. Si quelques archéologues — il faut leur rendre cette justice — ont entrevu la vérité, le courage des uns n'a pu vaincre l'hésitation des autres. A force d'attendre patiemment que le hasard vienne nous révéler les secrets de l'antiquité, nous finissons souvent par mettre une certitude à la place d'une conjecture prématurée.

Une lécythus à figures noires sur fond blanc[4] représente une femme ailée, voltigeant au-dessus d'un char attelé d'une paire de biches. Sur un vase de la même forme et du même style, trouvé dans l'Attique[5], on voit la fameuse *dispute du trépied;* Hercule y est assisté de Minerve; derrière Apollon se tient une déesse ailée, probablement sa sœur, vêtue d'un manteau et coiffée d'un *calathus*. Une hydrie d'Agrigente, de la belle époque de l'art[6], nous offre l'image d'une Victoire portant le caducée et versant du nectar à Apollon qui joue de la lyre. Une biche est placée entre ces deux personnages. Sur le revers du vase, une femme ailée tenant dans chaque main un flambeau accourt pour prendre part à la cérémonie. Les torches allumées comptant parmi les attributs les

---

1. *Denkmæler und Forschungen*, 1854, p. 61.

2. Sur le vase François (*Monumenti dell' Instituto*, t. IV, pl. 58. *Archæologische Zeitung*, 1850, pl. 23-24).

3. D'après Macrobe (*Saturnales*, I, 15, 20; voir Pott, *Studien zur griechischen Mythologie*, p. 321), le nom d'Ἄρτεμις (en dialecte dorien Ἄρταμις) viendrait de ἀέρα τέμνειν. τέμνειν. « Graeci lunam Ἄρτε-μιν nuncuparunt, id est ἀερότομιν, quod aëra secat. »

4. Trouvée à Athènes. Ce vase fait partie du Musée du Louvre; collection Charles X, n° 2543. *Élite céramographique*, t. II, pl. 9.

5. Stackelberg, *Græber der Hellenen*, pl. 15, 5 (p. 11).—Welcker, *Alte Denkmæler*, t. III, p. 272 (n° 6).

6. Gerhard, *Antike Bildwerke*, t. I, pl. 58. — Panofka, *Annali dell' Instituto*, vol. V (1833), p. 172-175. Tav. d'agg. B. C. (E. Braun, *Annali*, 1837, t. IX, p. 196). — Duc de Luynes, *Description de quelques vases peints* (1840), pl. 26. — *Élite céramographique*, II, pl. 47, p. 143. — Welcker, *Alte Denkmæler*, t. III, p. 50-52 (pl. 8).

plus fréquents d'Artémis, on sera bien embarrassé de trouver pour cette figure une dénomination plus plausible.

Il en est de même d'une amphore de Panticapée qui fait aujourd'hui partie du musée impérial de l'Ermitage[1]. Une déesse ailée, drapée comme la nôtre, parée de bracelets en spirale et de pendants d'oreilles, diadémée, les cheveux cachés sous un *saccos*, est tournée vers la droite et légèrement penchée en avant vers un chevreuil qu'elle caresse de la main droite. A l'autre main, elle tient une patère pleine d'eau, ce qui indique qu'elle va donner à boire à son protégé. Ce groupe a une telle ressemblance avec celui qui nous occupe[2] qu'il est permis d'y voir une variante, une répétition libre du même sujet. Cela est confirmé, du reste, par le style de cette amphore qui, sans être aussi archaïque que le dessin de l'œnochoé de Capoue, n'en remonte pas moins au siècle de Périclès.

Enfin, une hydrie provenant d'Athènes[3] représente Apollon Citharède en compagnie d'une déesse ailée, drapée et portant un sceptre. Peut-être n'y aura-t-il pas d'inconvénient à l'appeler *Artémis*. Les ailes et le sceptre, je le sais bien, ne suffisent pas pour prêter à cette explication un appui solide; mais, d'un autre côté, je ne vois pas quelle objection sérieuse on pourrait m'adresser.

LES AMOURS DE JUPITER

VASE D'ARGENT DU CABINET DE M. CHARVET

— Pl. 5 —

ERS 1861, à l'époque des travaux de chemin de fer exécutés aux environs de Valence, on découvrit sur les bords de la mer, au phare de Cullera[4], le magnifique vase reproduit sur notre cinquième planche[5]. Avant de devenir la propriété de M. Charvet, il resta plusieurs années en Espagne, entre les mains d'un numismatiste, feu M. Serda.

Les bas-reliefs qui en constituent le principal ornement ont exercé la sagacité d'un antiquaire

---

1. Stephani, *Compte rendu*, 1862, p. 10 (pl. I, 8). Catalogue des vases de l'Ermitage, n° 2072.

2. Le mérite d'avoir fait le premier ce rapprochement appartient à M. Konrad Bursian (*Litt. Centralblatt*, 1869, p. 913). M. Stephani avait donné à la déesse ailée le nom d'*Aura*.

3. Stackelberg, *Græber der Hellenen*, pl. 20. — *Élite céramographique*, t. II, pl. 48.

4. A l'embouchure du Jucar, au sud de Valence, voir Miñano, *Diccionario geografico de España*, t. III, 265 : « El historiador Escolano habla de minas de plata en esta montaña, pero en el dia no se ven ni aun vestigios de ellas. »

Malheureusement, les démarches que j'ai faites pour obtenir des renseignements plus précis sur les circonstances de la découverte sont restées stériles.

5. Hauteur 0,073 millimètres = 4 *digiti* (1 *palmus*) romains; diamètre 0,118 et avec le manche 0,220.

éminent, M. Helbig [1] ; néanmoins, les sujets ne sont pas encore suffisamment expliqués. Je n'ai donc pas besoin de me justifier en reprenant la question en sous-œuvre.

Il est certain que le vase représente les amours de Jupiter : d'abord Léda avec son cygne ; ensuite le maître de l'Olympe en compagnie d'une femme inconnue, qu'en désespoir de cause on a appelée Junon ; la séduction de Callisto et le rapt de Ganymède complètent la série.

Ne nous arrêtons pas au premier groupe, un des plus connus de la mythologie grecque [2] ; mais la scène suivante mérite toute notre attention, car la jeune femme que le dieu, assis sur un rocher, tient entre ses bras, ne saurait être son épouse légitime qu'il eût été irrespectueux de confondre avec les maîtresses de Jupiter [3]. Rien d'ailleurs ne nous autorise à penser qu'il s'agisse d'une déesse d'un rang aussi élevé que Junon.

La difficulté, s'il y en a, disparaît après un peu de réflexion. L'Amour, placé derrière le rocher et emportant le foudre sur son dos, ne fait point partie du groupe de Léda où il ne joue aucun rôle ; il appartient nécessairement au sujet dont l'explication reste à trouver. Là, il devient indispensable, car la besogne dont il s'acquitte nous fait deviner le nom de la jeune fille qui se jette dans les bras de Jupiter. Ce n'est autre que Sémélé, la même qui mit tant d'insistance à voir son amant avec les insignes de sa puissance, tandis que le dieu suprême prenait la précaution de se dépouiller de ces insignes dangereux, afin de ne pas effrayer celle qu'il aimait. Ma conjecture se change en certitude, lorsqu'on examine les différentes formes sous lesquelles Jupiter apparaît sur notre vase. Pour surprendre Callisto, il emprunte les traits et le costume de Diane ; pour séduire Léda, il se métamorphose en cygne ; pour enlever Ganymède, il se transforme en aigle ; seul avec Sémélé, il se montre sous l'apparence d'un simple mortel. Cette représentation est parfaitement d'accord avec la légende.

La boîte suspendue au-dessus de l'Amour renferme sans doute quelques objets de toilette ; elle indique que la scène se passe dans les appartements de la princesse de Thèbes, bien qu'il ne soit pas probable que l'on s'y asseyait sur des rochers.

On sait combien les monuments relatifs aux amours de Sémélé sont rares [4]. Quant au groupe suivant, Jupiter et Callisto, c'est la première fois que nous le rencontrons. Un flambeau allumé, placé sur une colonne, indique qu'il fait nuit. Enfin, le quatrième sujet : Ganymède accueillant amicalement l'aigle qui vient le ravir, pendant que le foudre s'échappe des serres de l'oiseau, est un motif beaucoup plus commun. L'Amour qui prend la fuite, parce que son œuvre est accomplie, porte un arc à la main. Quelques vieux chênes, plantés entre les différents groupes, rappellent l'arbre de Dodone.

Les ciseleurs anciens choisissaient parfois des scènes d'amour pour en décorer leurs vases. Un seau d'argent, trouvé en Moldavie et qui figure aujourd'hui au musée impérial de l'Ermitage [5], représente Léda, le rapt d'Hylas, Apollon et Daphné. Sur deux fonds de patère, récemment envoyés de Syrie, on voit un satyre devant une nymphe endormie et une jeune fille prenant le bras d'Hercule qui se repose de ses fatigues et n'a pas l'air de vouloir céder à la tentation.

---

1. Helbig, *Bullettino dell' Instituto*, 1865, p. 120-122 (*Philologus*, t. XXIII, 569). Voyez aussi l'*Indicateur arch. de Berlin*, 1867, p. 30", et les Mémoires de la Société des Antiquaires de France, t. XXX.

2. Overbeck, *Griechische Kunstmythologie*, t. I, 500-509.

3. Je sais bien que cela n'est pas absolument contraire à l'esprit de la religion antique. Ainsi, sur l'autel de Bordeaux (Stark, *Stædteleben*, p. 610), Junon figure à côté de Léda et de Ganymède. Mais je ne crois pas qu'on se serait permis de classer Junon, caressée par son époux, parmi les *furta Jovis*.

4. Overbeck, *l. c.*, p. 416-418.

5. *Mémoires de la Société d'archéologie et de numismatique de Saint-Pétersbourg*, t. I (1847), p. 3, pl. 1.

Le manche du vase offre de certaines analogies avec ceux des *simpula* d'argent de Bernay[1] et de Tarascon[2]. Les attaches se terminent en têtes de cygne ; deux petites guirlandes sont suspendues au-dessus de Jupiter qui, debout devant un autel allumé, tient le foudre et le sceptre royal. Dans le bas, on aperçoit l'aigle et deux flambeaux. On pourrait supposer, d'après cet ensemble de sujets relatifs à la même divinité, que l'objet aura été destiné à un sanctuaire de Jupiter, comme ceux de Tarascon avaient été dédiés à Neptune et à Cybèle ; mais l'inscription, gravée en caractères de la seconde moitié du IIIe siècle, dans le fond du vase, dément cette hypothèse. En effet, on y lit distinctement :

[F]ATE ☞ PAVLINA

D. V. S.

[F]at(a)e Paulina d(edit) v(otum) s(olvens)?

Ce qui veut dire qu'une dame romaine, du nom de Paulina, avait offert cet ustensile de sacrifice, en accomplissement d'un vœu, à la déesse *Fata*. Plusieurs inscriptions mentionnent cette déesse[3], tantôt au singulier, plus souvent au pluriel. Les *Fatae* sont devenues les *fées* des peuples modernes.

Le dessous du *simpulum* est orné d'un bouton en saillie, entouré de cercles concentriques.

Avant de finir, je me permettrai de présenter une courte observation sur le procédé technique que le ciseleur a employé pour donner à son œuvre toute la finesse voulue. Les parois du vase sont d'une épaisseur extraordinaire. Obtenus au moyen d'un moule, les bas-reliefs ont été ciselés après la fonte, car il n'est pas admissible qu'on les ait taillés dans la masse. Les artistes anciens étaient à la fois trop pratiques et trop économes de leur temps et des matières précieuses dont ils se servaient pour adopter un pareil système. Beaucoup de détails ont ensuite reçu, non une dorure au feu, comme on l'a prétendu, mais un placage d'or, ce qui n'est pas du tout la même chose. J'ai recherché avec soin les nombreuses traces qui en subsistent, et on les trouvera scrupuleusement indiquées sur la planche qui est sous les yeux du lecteur.

---

1. Chabouillet, *Catalogue des Camées, etc., de la Bibliothèque impériale*, n° 2832-39.

2. Deloye, *Notice sur deux vases en argent massif*. Paris, 1863.

3. Poeller, *Rœmische Mythologie*, p. 565. Jacob Grimm, *Deutsche Mythologie*, p. 382. — *Corpus inscript. lat.*, t. II, n° 3727 (Inscription de Valence).

DIONYSOS COMBATTANT LES GÉANTS

— Pl. 6-8 —

ES peintures qui décorent la face extérieure d'une admirable *kylix*[1] provenant de *Sainte-Marie de Capoue* (pl. 6) datent de la meilleure époque de l'art grec. Dessin et composition sont d'une délicatesse telle, qu'on ne peut les comparer qu'aux produits les plus parfaits de l'industrie céramographique. S'il fallait assigner une date un peu précise à ce chef-d'œuvre, je serais disposé à le placer dans la première moitié du IVᵉ siècle avant l'ère vulgaire.

D'un côté, nous voyons *Dionysos* terrassant un géant. L'ennemi est déjà tombé; en vain se couvre-t-il de son bouclier et cherche-t-il à se défendre en brandissant son glaive, il ne doit pas tarder à succomber dans cette lutte inégale. Le serpent mystique, auxiliaire redoutable du dieu de la vigne, s'élance sur le géant pour le mordre à la poitrine, et Dionysos lui-même arrive à grands pas avec son thyrse converti en lance, pour donner la mort à son adversaire. Ce combat est un épisode de la *Gigantomachie*.

Selon la légende grecque, les *Géants*, population primitive de la terre, s'étaient révoltés contre l'autorité des dieux. Longtemps la victoire pencha de leur côté, car *Gaea*, leur mère, les avait rendus invulnérables; seules les armes d'un mortel pouvaient les vaincre. Au moment suprême, Minerve réussit à trouver deux alliés, Hercule et Dionysos, — ce dernier ne faisait point encore partie de la famille olympienne. Ils vinrent, et bientôt les immortels restèrent maîtres du champ de bataille[2].

Sur les vases du beau style, les géants n'ont rien qui les distingue d'un homme ordinaire[3]. Le nôtre ne porte aucun vêtement; il est coiffé d'un casque à nasal et à visière relevée. Son bouclier circulaire a pour emblème un lion à gueule ouverte, courant vers la gauche; son épée, très-courte, paraît de fabrique thrace, car elle ressemble, comme celle d'Hector sur notre XIᵉ planche, au cimeterre oriental. On aperçoit une partie du baudrier suspendu à l'épaule droite.

Quant au nom du géant, les mythologues anciens ne sont pas d'accord entre eux. Les uns l'appellent *Eurytos*[4], les autres *Rhœtus*[5] ou *Rhuncus*[6].

Il est temps de tourner nos regards vers le personnage principal du tableau, *Dionysos*.

---

1. Ancienne collection du prince Napoléon ; catalogue, nº 269. Frœhner, *Catalogue d'une collection d'antiquités*, nº 76. — Coupe apode ; palmettes sur les deux côtés et au-dessous des anses. Hauteur 0,12. Diamètre 0,23.

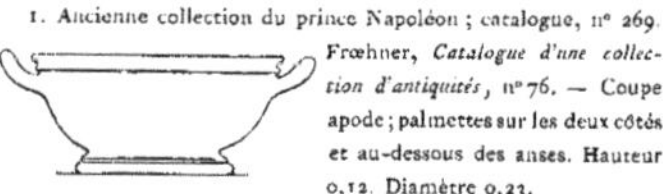

2. Scholiaste de Pindare (*Néméennes*, I, 100), p. 434, éd. Bœckh. — Euripide, *Ion*, v. 216-218 (καὶ Βρόμιος ἄλλον ἀπολέμιοι κισσίναισι βάκτροις ἐναίρει Γᾶς; τέκνων ὁ Βακχεύς). *Cyclope*, v. 5-8 (ὅτ' ἀμφὶ γηγενῆ μάχην δορὸς ἐνδέξιος σῷ παιδὶ παρασπιστὴς γεγὼς Ἐγκέλαδον ἰτέαν μέσην θενὼν δορὶ ἔκτεινα).

3. Voir Hésiode, *Théogonie*, v. 186.

4. Apollodore, 1, 6, 2 (Εὔρυτον δὲ θύρσῳ Διόνυσος ἔκτεινα). Hygin orthographie ce nom *Erylus* (p. 5, Staveren).

5. Horace, *Odes*, II, 19, 23. III, 4, 55.

6. Naevius cité par Priscien, VI, p. 199, éd. M. Hertz.

Vêtu d'un chiton court, sans manches, la chlamyde à la place du bouclier sur le bras gauche[1], il porte ses attributs ordinaires : un canthare et une branche de lierre. Une mitre, également ornée de feuilles de lierre, entoure son front; ses cheveux sont arrangés à la mode asiatique : deux boucles luxuriantes retombent sur la poitrine, d'autres plus courtes recouvrent les tempes, et la masse la plus considérable descend sur la nuque jusqu'aux reins. Les moustaches et une longue barbe pointue se marient heureusement à cette richesse capillaire. Pour comprendre comment une pareille coiffure a pu rester un des caractères distinctifs de Bacchus, il faut se rappeler que les peuples de l'Orient attachent une haute valeur à la beauté des cheveux et de la barbe.

Les bottes de chasse (ἐνδρομίδες), à bords rabattus, dont le dieu est chaussé, sont en peau de panthère. La fourrure mouchetée était une particularité du costume thrace.

Quant à la présence du serpent, elle n'a pas besoin de commentaire. Les auteurs classiques parlent d'une série de métamorphoses auxquelles Dionysos aurait eu recours pour tenir tête à son ennemi. Il serait apparu tour à tour sous la forme d'un lion, d'une panthère, d'un taureau, d'un sanglier, d'un serpent, d'une torche errante, d'une flamme, d'un torrent ou d'un cep de vigne qui enlaçait de ses rameaux magiques le corps de l'adversaire[2]. Plusieurs de ces transformations se retrouvant sur les vases peints, il devient manifeste que le reptile n'est ici qu'une allusion à l'un des stratagèmes employés par le dieu.

Mais pour connaître tous les incidents du combat auquel nous assistons, nous serons obligés de jeter un coup d'œil sur le revers de la coupe. Là, les compagnons de Dionysos, voyant leur maître aux prises avec un géant, se mettent en devoir d'accourir à son secours. Le vieux Silène, au front dénudé, est monté sur un char de guerre[3] traîné par deux jeunes satyres dont l'un tient un flambeau allumé, comme s'il sortait d'une fête. Bien que l'attelage s'avance au galop, il ne va pas assez vite pour satisfaire l'ardeur belliqueuse du conducteur qui en active la marche à coups de fouet[4]. Les trois personnages poussent des cris de guerre; du moins, leurs lèvres entr'ouvertes et les gestes violents de leurs bras semblent l'indiquer.

Mais si la lutte entre Dionysos et le géant est sérieuse, au point de faire ressortir toute la puissance du vainqueur, le char des satyres n'en est que la caricature. Le dieu manie la lance aussi bien que la coupe dont il ne se sépare jamais. Quand un danger vient le mettre en péril, il applique un fer aigu au bout de son thyrse, qui devient ainsi une arme irrésistible. Son cortége, au contraire, n'aime que les sauvages débordements de l'ivresse; Hésiode appelle les satyres des *vauriens*, et nous n'avons qu'à examiner les armes de Silène pour apprécier l'importance du concours qu'il peut apporter à son maître. En guise de lance, il tient un long *phallus oculatus*[5], dont la disposition burlesque imite le thyrse pointu. Son bouclier ressemble non-seulement à une pelte d'amazone, mais surtout à une outre à vin. Les deux yeux qu'on y remarque, destinés à déjouer le mauvais œil[6], sont un ornement très-commun des boucliers.

---

1. Circum brachia torta veste et strictis mucronibus. Tacite, *Hist*, 5, 22.

2. Horace, *Odes*, II, 19, 23-24. Euripide, *Bacchæ*, v. 1017-1019. Comparez Nonnus, *Dionysiaques*, XXXVI, 291-385.

3. Satyre auprès d'un char de guerre : Amphore à figures rouges au musée de Vienne. O. Jahn, *Philologus*, t. XXVII, 23 (pl. 4, 3).

4. Voir l'amphore de Munich, n° 1119 (O. Jahn).

5. Guerrier grotesque, armé d'un phallus en guise de lance. Deux lampes en terre cuite, trouvées dans l'Attique. *Bulletin de l'École d'Athènes*, 1870, p. 41. — Phallus à deux oreilles : La Chausse, p. 123, 3; muni d'une paire de jambes : *ibid.*, p. 126, 5. — Voir Jahn, *Berichte der Sæchsischen Societæt*, 1855, p. 72-79. — A. Pelet, *Description de l'amphithéâtre de Nîmes* (1853), pl. 4.

6. Voir Jahn, *Ueber den Aberglauben des bösen Blicks bei den Alten. Berichte der Sæchsischen Societæt*, 1855, p. 30-40.

Je me rappelle un conte ancien[1] qui jette le même ridicule sur l'intervention du cortége bachique dans la lutte contre les géants.

Lorsque le père des dieux eut déclaré la guerre à ses ennemis, il convoqua toutes les divinités. Héphaistos et Dionysos se rendirent aussitôt au lieu du combat. Ce dernier était accompagné d'une armée de satyres et de silènes montés sur des ânes. Dès le commencement de la bataille, les baudets eurent peur et se mirent à braire avec une telle unanimité, que les géants, qui n'avaient jamais entendu pareil concert, s'enfuirent à toutes jambes.

Le nombre des vases représentant Dionysos et Eurytos est peu considérable[2], et, sous le rapport de l'art, aucun de ceux qui me sont connus ne peut soutenir la comparaison avec la coupe de Capoue. Je ne crains donc pas que l'on vienne me reprocher d'augmenter inutilement le matériel de la science en publiant (pl. 7) une amphore à peinture noire, rehaussée de blanc et de pourpre, de la collection de M. Oppermann.

On y voit le dieu de la vigne avec une longue barbe pointue : une couronne de lierre enlace le casque à cimier dont il est coiffé. Son chiton blanc est recouvert d'un manteau brodé; son bouclier a pour épisème un char de guerre. Le pied gauche en avant, Dionysos brandit sa lance contre deux hoplites barbus qui le combattent à visière baissée, et dont l'un porte une branche de lierre peinte sur son bouclier. Mais déjà les géants ont reconnu la supériorité de leur adversaire, car ils abandonnent le champ de bataille[3].

Enfin, une amphore à peinture rouge[4], provenant des fouilles du prince de Canino (pl. 8), nous fait assister aux préparatifs du combat. Posé de face, le dieu est en train d'agrafer sa cuirasse, dont les épaulières ne sont pas encore rabattues. Un silène ithyphallique[5] lui présente son thyrse et son casque.

---

1. Ératosthènes, *Catastérismes*, ch. XI (p. 246, Westermann), et Hygin, *Poëticon Astronomicon*, II, 23 (p. 474, Staveren).

2. On en trouvera la liste dans Stephani, *Compte rendu*, 1867, p. 172. 182-183. 186-187. O. Jahn, *Philologus*, t. XXVII, 23-24. Il faut y ajouter le médaillon inédit d'un guttus à vernis noir, venant de Naples et sur lequel le géant se défend contre une panthère, un serpent et une ménade armée d'une lance (collection *Oppermann*).

3. Le revers représente un éphèbe armé du *kentron* et montant sur un quadrige (à dr.). Au second plan, se trouve un hoplite tourné vers lui.

4. Chabouillet, *Catalogue*, n° 3339. Hauteur 0,365. Sous chaque anse, une palmette. *Revers* : Dionysos tient un thyrse et un canthare que remplit une ménade jouant des castagnettes.

5. Nous avons supprimé ce détail sur notre planche.

JUPITER OPTIME MAXIME DE DOLICHÉ

DESSINS DE DUPERAC, AU MUSÉE DU LOUVRE

 N 1854, les inscriptions relatives au culte de Jupiter Dolichenus ont été recueillies avec soin par M. Jean-Gabriel Seidl, conservateur du musée de Vienne et un des poëtes les plus populaires de l'Autriche. Son travail, inséré dans le Bulletin mensuel des séances de l'Académie impériale, comprend soixante-quinze monuments de ce genre, série importante, mais dont il faut éliminer beaucoup d'inscriptions fausses ou étrangères à cette matière[1]. Un seul texte avait échappé aux recherches du savant antiquaire[2]; plusieurs autres sont venus à notre connaissance depuis la publication de son intéressant mémoire[3].

Je n'ai ni les loisirs ni les matériaux nécessaires pour traiter la question comme elle mérite de l'être ; cela exigerait une collection de dessins et d'estampages qu'on ne se procure pas facilement. Mais malgré cette insuffisance dont je suis forcé de faire l'aveu, il me tarde d'ajouter aux renseignements que nous possédons déjà quelques données nouvelles qui n'ont pas besoin d'être développées dans toute leur étendue. J'accepte donc la situation telle qu'elle se présente, en laissant à d'autres le plaisir de récolter là où leurs devanciers se sont contentés de semer.

Sous le n° 60 (p. 82; pl. 5, 2), M. Seidl cite une inscription trouvée à Rome, on ne sait quand, et qu'il reproduit ainsi d'après l'ouvrage de Gruter (p. xx, 7) :

IOVI. O. M. DOLICHENO
C. FRONTINIVS
NIGRINVS. LVCIVS
ARAM. POSVIT
B. M

On le voit, les impossibilités abondent dans cette petite formule dédicatoire ; il serait inutile

---

1. *Ueber den Dolichenus-Cult,* n° 13 (?). 38. 39 (?). 42. 49. 52-56. 59 (identique avec le n° 60). 62-68. *Nachtraegliches über den Dolichenus-Cult,* n° 74. D'autres sont on ne peut plus suspectes.

Le numéro 44 fait, depuis 1862, partie du musée du Louvre (acquisition Campana). Voici comment il faut le lire : I. O. M. A. D. *et* | *Soli digno pres.* | *prosal. M. Aur. And* | *ronici et Tarquilie* | *Marcelle coiugis et* | *filiorum eius aram* | *posuit ex voto per* | *C. Fab. Germanum sacerd.* Une œnochoé et une patère sont sculptées sur les faces latérales du petit autel.

2. Collingwood Bruce, *the Roman Wall,* p. 378 (éd. 2ᵉ) ; cette inscription manque, du reste, dans la troisième édition de l'ouvrage (Londres, 1867).

3. L. Renier, *Inscriptions de l'Algérie,* n°ˢ 144. 145. 1409 (trouvées à Lambaese). — Becker, *Heddernheimer Votivhand,* p. 22 (trouvée à Mayence). — *Bullettino dell' Institut. rom.,* 1861, p. 179. — Gerhard, *Bonner Jahrbücher,* t. XXXV, 32 (pl. 1). — Ackner-Müller, *Roem. Inschriften in Dacien,* n°ˢ 555. 558.

Incertaines : Brambach, *Corpus inscript. rhenan.,* n° 204 (l'auteur ignore l'existence de la dissertation de M. Seidl). — Mc. Caul, *Britanno-roman inscriptions* (Toronto, 1863), p. 212.

Quant à la liste des monuments figurés, je suis tenté d'y ajouter le petit bronze représentant un homme nu (?), ayant des ailes à la tête (?) et avançant le bras droit, qui a été publié par Montfaucon, *Antiq. expliquée,* t. II, 2, pl. 190, 7. Cet objet, probablement mal conservé, faisait partie de la collection de M. de Chezelles, lieutenant général de Montluçon.

d'entamer une discussion là-dessus. Gruter en avait eu trois copies, prises à des époques différentes, une première par le compilateur italien (probablement Franciscus Albertinus) qui travaillait pour le compte de Mazochi ; une seconde par Pighius, dont les papiers se trouvent aujourd'hui à la Bibliothèque de Berlin ; une troisième par Smetius. Il ne s'était pas aperçu qu'en réalité le nombre de ces copies, vraies ou prétendues, s'élevait à six ou sept, car Mazochi avait publié le même texte dans deux endroits de son recueil, d'abord comme provenant du Capitole, ensuite comme faisant partie des marbres encastrés dans l'église de Sainte-Marie *in Monticelli*. Néanmoins, le philologue Accursius — car ce fut lui qui rédigea les *errata* du volume — avait eu hâte de décliner la responsabilité du second exemplaire[1], et nous verrons tout à l'heure qu'on fera bien d'imiter cette réserve en ce qui concerne les principales sources de Gruter.

Commençons par la variante qui l'a trompé. D'après l'auteur des *Epigrammata antiquæ urbis*[2], elle était gravée dans un cartel à queues d'aronde. En voici la teneur :

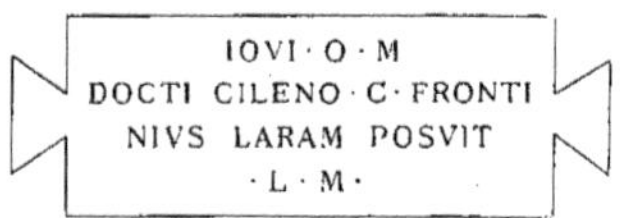

Quelques années après la publication du Recueil de Mazochi, ce texte bizarre fut remanié par un des collaborateurs d'Apianus, qui ne se dérangea certainement pas pour recourir à l'original[3] :

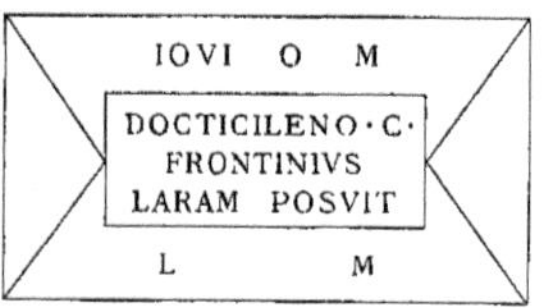

et c'est avec ces deux documents que Gruter constitua un nouveau texte[4] en corrigeant : *Dolicheno | C. Frontinius | L. aram posuit,* sans se douter que l'inscription fût identique avec son numéro précédent.

La copie la plus ancienne est celle qui offre le moins de difficultés. Elle se trouve reproduite dans l'ouvrage de Mazochi[5], avec plusieurs erreurs typographiques :

IOVI. O. M. DOLYCHENO (*sic*). L. FRONTINVS (*sic*). NIGRINVS. ARAM. POSVIT. L. M.

Ces erreurs, on pourrait les rectifier en toute sécurité ; cependant il n'y aurait pas avantage à le faire, puisque l'auteur des *errata* propose la leçon suivante : DOLICHENO. C. FRONTINIVS.

---

1. *Epigrammata antiquæ urbis,* Errata ad fol. CXVII : « *Epi-gramma 6 non vidi.* Quin etiam ipsum septimum (qu'il tenait pro-bablement de la même source) vix crediderim non esse alicuius falsarii, sed et imperitissimi, commentum. »

2. Fol. CXVII, n° 6.

3. *Apianus,* p. 274 avec la note : *in Sancta Maria Monticelli.*

4. Pag. XX, 8. Seidl, n° 59.

5. Fol. XXI : *in Capitolio.*

NIGRINVS. LVCIVS. De cette façon, les fautes sont enlevées, et nous aurions un texte parfait, bien conforme au style lapidaire, n'était le mot LVCIVS que nous sommes surpris de trouver écrit en toutes lettres et relégué à une pareille place.

Il m'a paru intéressant de constater, dans la mesure de mes forces et avec les faibles ressources dont je dispose, les altérations successives que la dédicace de Frontinius a subies. En 1534, Apianus, qui publia la seconde rédaction, comme nous venons de le voir, eut naturellement connaissance de la première ; mais il ne se borna point, cette fois, à réimprimer le texte tel qu'il l'avait lu dans les *Epigrammata*. Jusqu'alors on avait pu croire que l'inscription était la seule chose qui subsistât de ce monument. Voilà que le dessinateur d'Apianus esquisse une stèle à trois registres[1], semblable à celles qu'on trouve en Algérie, et dont l'épigraphe gravée dans le compartiment inférieur est ainsi conçue :

I. O. M. DOLOCHEVO *(sic)*

C. FRONTINIVS

NIGRINVS. LVCIVS. MANI

Au-dessus, on voit un taureau, tourné vers la droite, dans l'attitude de la plus profonde mélancolie et, au registre supérieur, un bouvier italien en costume du XVIe siècle, la main droite abaissée, la gauche posée sur la poitrine. S'était-on servi, pour exécuter la gravure, d'un croquis pris à la hâte ? ou n'est-ce que l'illustration fantaisiste d'une note qui accompagnait l'envoi de l'inscription ? Je ne saurais le dire. Cette note nous apprend que le bas-relief conservé à Rome, près de l'église de Saint-Benoît du Trastevere, représentait « un homme debout sur un taureau[2] », ou plutôt « au-dessus » d'un taureau. La figure de Jupiter Dolichenus étant restée inconnue aux savants de cette époque, il se peut qu'on ait hésité à Augsbourg à placer un homme debout et de face sur le dos d'un bœuf ; de là cette singulière idée de les séparer au moyen d'un listel[3]. D'un autre côté, les souliers dont le paysan est chaussé, la nudité de ses jambes, le froncis qui indique la ceinture et le geste des bras semblent prouver que le dessin a été ébauché devant l'original.

Gruter[4] ne s'est pas souvenu de la copie publiée par Apianus ; peut-être aimait-il mieux puiser à des sources qu'il supposait plus authentiques, les papiers de Pighius et le recueil de Smetius. En effet, ces deux savants nous donnent des éclaircissements précieux sur la nature du monument dont il s'agit. Vers 1550, Pighius eut l'occasion, à ce que l'on croit, de voir le marbre et d'en faire deux croquis qui existent encore. D'après la description qu'en a donnée Otto Jahn[5], ils représentent la partie inférieure d'un bas-relief : Jupiter, vêtu d'un chiton et d'un pantalon asiatique, debout sur un taureau. Le haut de la figure, au-dessus de l'ombilic, est effacé. Ce témoignage semble assez important ; il nous permettrait de tirer des conclusions sur l'état de la sculpture au commencement du XVIe siècle ; elle a dû être peu visible, puisqu'elle finit par se détériorer aussi rapidement. Rien n'expliquerait d'une façon plus simple la divergence des copies.

---

1. Pag. 272.

2. Ubi taurus est sculptus habens supra se virum stantem.

3. Montfaucon, *Antiq. expliquée*, t. I, pl. XVIII, p. 49. 50, en a donné une copie réduite, avec une faute de plus : *Nigrinius*. Seidl, pl. 5, 2, corrige *Dolocheno* et reproduit l'erreur de Montfaucon.

4. Pag. XX, 7.

5. *Codex Pighianus*, fol. 8 et 200[b]. O. Jahn, *Berichte der Leipziger Societaet*, 1868, p. 194, n° 81. Il y a une petite confusion dans ce travail, d'ailleurs si utile ; les citations du n° 80 se rapportent au n° 81 et *vice versa*.

Quant à l'ouvrage de Smetius[1], il complète les détails que nous avons pu rassembler. Lors de son voyage, le marbre se trouvait encore au même endroit où on l'avait placé du temps d'Apianus[2]. Le savant hollandais affirme que c'était un autel (*ara marmorea*), représentant un dieu chaussé de *socques*[3] et debout sur un bœuf; la partie supérieure avait disparu. J'ai déjà cité l'inscription telle que cet épigraphiste consciencieux prétend l'avoir déchiffrée. La forme des L est d'ailleurs si conforme à l'âge probable du monument qu'on ne devrait pas douter de la parfaite authenticité du texte. Et néanmoins, le prénom *Lucius* n'a pu s'y rencontrer; la division de la formule en cinq lignes est non moins invraisemblable et ne s'accorde pas avec celle de Pighius[4]; enfin, ce dernier n'écrit pas B. M, mais LVB. M.

Comment s'y prendre pour débrouiller cette question difficile entre toutes et qui s'obscurcit à mesure que l'on croit être sur la trace d'une éclaircie? Où est le vrai? où est l'apocryphe? Le saurons-nous jamais? Et qu'on ne s'imagine pas que ma méthode d'accumuler les contradictions, avant de dire mon opinion personnelle, soit une de ces ruses familières aux antiquaires, qui aiment à multiplier les problèmes parce qu'ils tiennent en réserve une solution victorieuse. Je vais, au contraire, resserrer le nœud que je voudrais démêler. Une science qui se nourrit de doutes, de réserves, de précautions infinies, gagne autant à s'enrichir d'une nouvelle énigme que d'un nouveau résultat.

Il existe, au musée du Louvre, un volume de dessins, exécutés à Rome par un architecte français, Étienne Dupérac. Cet artiste, qui paraît avoir passé la moitié de sa vie en Italie, s'est illustré par plusieurs ouvrages d'une grande valeur: un album de vues de Rome (1573), et un plan de la ville (1574)[5]. A son retour en France, Henri IV le chargea de la décoration de la salle des bains à Fontainebleau, puis, en 1595, de la construction du pavillon de Flore. Il mourut en 1601.

Le volume qui nous intéresse reproduit un certain nombre d'objets antiques, dessinés avec un remarquable talent et une entente de l'art romain qui, sans être la bonne, ne manque pas de qualités. On y voit, à côté de monuments d'une authenticité incontestable, une série de sculptures et d'inscriptions qui ne peuvent être attribuées qu'à un faussaire des plus maladroits, et effectivement cette série suspecte fait partie de l'œuvre de Pirro Ligorio. On peut en juger par les textes grecs qui déparent le troisième volume du *Corpus inscriptionum græcarum;* une copie du recueil d'Étienne Dupérac ayant été envoyée au grand numismatiste Ezéchiel Spanheim, les éditeurs du *Corpus* se sont trouvés à même d'en tirer profit, et en examinant ces textes on se convaincra sans peine que la plupart sont identiques avec ceux de Ligorio et qu'ils ne méritent aucune espèce de confiance. Or, au milieu de cette foule de falsifications, on rencontre quelques pièces qui, sous une apparence de mauvais aloi, cachent un fond de sincérité dont il serait injuste de ne pas tenir compte. Dire que les monuments d'une origine aussi peu recommandable ne valent pas la peine d'être regardés de près, cela évite bien des désagréments; mais la critique, loin d'admettre la loi martiale, est une chose toute de tact et de patience qui ne recule pas devant les ennuis d'une longue procédure.

J'ai fait graver sur bois deux de ces dessins ligoriens, sujets à caution. Le premier, personne ne le niera, représente l'autel dont l'épigraphe nous a donné tant d'embarras. La formule choisie par le consécrateur est disposée en trois lignes, comme dans la copie d'Apianus; de même, le

---

1. *Inscriptiones antiquæ,* fol. 18,°8.

2. Romæ in porticu ædis S¹ Benedicti trans-Tiberim.

3. Insculptus est bos, et super eo stat deus soccatus barbare : sed supra umbilicum omnino mutilus. Subest inscriptio.

4. C'est Gruter qui nous l'apprend : *aliter versus se habent apud Pighium.*

5. Bunsen, Platner, Gerhard, etc. *Description de Rome,* t. I, p. XXXVI.

taureau, à la queue pendante, est tourné vers la droite ; les chaussures de Jupiter sont bien les
socques de Smetius ; la tunique courte, en partie recouverte par la cuirasse, ressemble à celle du
bouvier italien qui figure sur le croquis de 1534. Si le pantalon que Pighius a cru distinguer manque
à l'appel, c'est un détail de peu d'importance ; il ne convient guère au costume essentiellement
romain du dieu. L'état fruste où se trouvait le bas-relief en 1550 excuserait cette légère erreur que

Smetius ne semble pas avoir partagée. Tout le haut de la sculpture est nouveau pour nous, et ce
serait une véritable acquisition pour la science si nous pouvions gagner la certitude qu'il n'y a pas lieu
de s'en méfier.

Or Pirro Ligorio connaissait à merveille l'existence du Jupiter de Doliché. Il en a fourni la
preuve, en forgeant une magnifique suite d'inscriptions en l'honneur de cette divinité[1]. Quant au
bas-relief, le faussaire pouvait s'être inspiré de celui de Céséna[2], conservé dans le recueil manuscrit
de Marcanova ; dans tous les cas, ce plagiat se réduirait à des proportions imperceptibles, et Ligorio
était trop habile pour ne pas imiter le bandeau dorsal et la queue enroulée du taureau de Céséna, détails

1. Seidl, n° 63 (Orelli, I, p. 54). 64-68, probablement aussi le n° 39, et je crains que la liste ne soit pas complète. Il connais-sait même le Zeus Stratios. *Corpus inscriptionum græcarum*, 5935.

2. Marini, *Atti de' fratelli arvali*, II, 539. Seidl, pl. 4, 1.

qu'il devait avoir observés sur la colonne Trajane et sur les marbres mithriaques. Mais je ne veux pas m'arrêter à des considérations qui ne sont pas décisives. Admettons un instant que notre monument soit faux, que les renseignements donnés par Pighius et Smetius découlent d'une source équivoque, que le falsificateur ait tiré parti de tous les matériaux qui étaient à sa disposition ; il resterait toujours le croquis d'Apianus qu'on n'essayera pas d'attaquer sérieusement. Admettons encore, pour pousser les scrupules jusqu'à l'excès, que Ligorio ait transformé avec le plus grand succès le bas-relief de Céséna, seule représentation qui existât alors du Jupiter Dolichénien ; qu'il ait changé une cuirasse italienne du xvᵉ siècle en une excellente cuirasse romaine, en y ajoutant un pan du paludament ; qu'il ait emprunté la couronne radiée ; qu'il ait évité la faute de prêter à Jupiter barbu les traits d'un jeune homme imberbe ; qu'il ait reconnu le foudre dont Marcanova n'avait pas une idée bien précise : eh bien, toutes ces concessions faites, nous nous trouvons en face d'un détail qu'il n'a pu inventer, c'est la double hache. En effet, cet attribut inséparable du dieu de Doliché ne nous est connu que depuis la découverte de la pyramide de Heddernheim (1841). De plus, les monuments analogues qu'on a publiés postérieurement à cette date prouvent jusqu'à l'évidence que l'autel, dessiné par Étienne Dupérac, ne saurait être une mystification, car ils s'accordent avec lui dans les moindres particularités. Les moustaches de Jupiter, le geste de ses bras, le manteau flottant sont de ce nombre[1] ; j'hésite donc moins que jamais à soutenir la parfaite authenticité de notre bas-relief. Quelque amateur zélé de l'antiquité a dû le dessiner longtemps avant celui qui travaillait pour le recueil d'Augsbourg. Malheureusement nous ignorons la date de l'arrivée d'Étienne Dupérac à Rome ; il y était en 1564, d'où il résulterait qu'il n'a pas vu l'original dans le même état de conservation que son esquisse lui prête[2]. Il l'aura emprunté à Ligorio, et j'espère que les savants rédacteurs du *Corpus* des inscriptions latines n'oublieront pas de vérifier le fait.

La seule difficulté qui subsiste est la leçon fautive de l'épigraphe. Ayant remarqué que la majorité des noms propres qui figurent dans les dédicaces adressées aux divinités asiatiques sont suivis soit d'un qualificatif, soit d'une formule expliquant les motifs de la consécration, je proposerai de remplacer le mot LVCIVS par EX IVSSV. Il est superflu de citer des exemples à l'appui d'une supposition faite en désespoir de cause.

Le second dessin, tiré du volume d'Étienne Dupérac, exige également de longues et fastidieuses recherches. Jetons d'abord un regard sur l'inscription grecque qui est ainsi conçue :

Κατὰ κέλευ|σιν θεοῦ Δολι|χηνοῦ ἀνέ[σ]|τησα|κατ' Ἀθηνέου (*sic*) τοῦ ἱ|εροῦ (*sic*) Μάρκος Οὔλ|πιος καὶ ὁ υἱὸς Μάη|κος (*sic*) Οὔλπις (*sic*) Ἀρτέ|μων (*feuille de lierre*).

Feu M. Franz ayant commis la faute d'accorder à cette ridicule imposture une place dans le grand recueil de l'Académie de Berlin[3], je devrais en noter les variantes et discuter les interprétations que certains érudits ont proposées[4]. Mais je renonce volontiers à une pareille besogne, pour examiner tout de suite quels sont les garants du texte. On n'en connaît que deux jusqu'à présent : Pighius et Smetius, les mêmes qui ont rapporté l'inscription latine. Dans le *Codex Pighianus*[5], le bas-relief représente un autel surmonté d'une pomme de pin ; au-dessus, un bélier tourné à gauche, et devant lui le taureau qui porte un homme debout, vêtu d'une tunique courte et d'un pantalon phrygien ; mais la moitié

---

1. Comparez : Seidl, pl. 1. et *Nachtrag*, p. 15 et pl. 1.

2. Mommsen, *Berichte der Leipziger Societaet*, 1852, p. 256, attribue le recueil de Dupérac à l'an 1578.

3. *Corpus inscript. græc.*, n° 5937.

4. M. Gustave Wolff (*De novissima oraculorum ætate*, p. 25) explique τοῦ ἱεροῦ par « sacerdos imperii divini interpres ». C'est à ne pas croire ses yeux.

5. O. Jahn, l. c., p. 194, n° 80 (avec les citations du n° 81).

supérieure du corps, à partir de l'ombilic, est brisée. Chose étrange ! c'était donc un parti pris du Jupiter Dolichenus de ne se montrer aux voyageurs du xvie siècle que jusqu'à l'ombilic ? Smetius [1] confirme ces détails, bien que les termes dont il se sert ne soient pas clairs [2] ; et il ajoute que lors de son voyage (1545-1551) le marbre se trouvait au mont Quirinal, dans la vigne de l'évêque de Naples. S'il était allé le voir, je ne doute pas que l'inscription n'eût promptement disparu de son calepin. En

2.

envisageant ces huit lignes sous le rapport du style, de la grammaire et de l'érudition épigraphique qui s'y révèle, on n'a pas de peine à reconnaître le genre de Ligorio, tel que M. Mommsen l'a caractérisé [3]. Le verbe ανετησα est pour moi ἀνέστησα[ν] ; κατὰ suivi d'abord de l'accusatif, ensuite du génitif, rappelle le fameux χοροποιος κατ' αυλεως [4], *dansant au son de la flûte ;* ἱεροῦ pour ἱερέως rentre dans la même catégorie ; enfin un des textes [5] provenant sans contredit de la fabrique de Ligorio prouve que les

---

1. Fol. 18, 7. Gruter, p. 21, 1.

2. Ad aram quadratam, in qua *pinus* est [c'est *strobilus* qu'il *fallait dire*], stat taurus. Super eo stat quidam (nescio an ipse deus) soccatus barbare : adversus paulo in monticulo stat, ut videtur, aries. Subsequitur inscriptio.

3. *Berichte der Leipziger Societaet* 1852, p. 253-265. M. Mommsen ne parle pas du n° 5937 du *Corpus*, mais il ne faudrait pas conclure de son silence qu'il le regarde comme authentique.

4. *Corpus,* 5940.

5. *Corpus,* 6014.

affranchis de la famille Ulpienne lui étaient parfaitement connus. Avec le texte grec, je n'ai pas besoin de le dire, tombe en même temps le piédestal sur lequel il est tracé; mais le reste du bas-relief mérite une étude sérieuse.

Le taureau est tourné vers la droite, comme sur tous les monuments de ce genre. On imitait l'idole placée dans le sanctuaire de Dolichenus en Commagène. Quant à Jupiter, il diffère un peu de celui de la première pierre, sans que, pour cela, on puisse soupçonner les variantes d'avoir été inventées. Son pantalon asiatique, j'en ai déjà fait la remarque, doit être mis à la charge du dessinateur, qui a pris les rebords des brodequins pour un pli formé par les anaxyrides. En revanche, le haut de la figure est assez bien compris, et les détails sont rendus avec une précision qui exclut toute équivoque. La cuirasse, consolidée au moyen d'un ceinturon, est garnie de lanières de cuir[1]; on aperçoit le manteau flottant au gré du vent, et le fourreau de l'épée, comme sur les pyramides en bronze de Kömlöd et de Heddernheim[2]. La bandoulière seule est absente. Il est vrai que le visage du dieu paraît un peu jeune, probablement parce qu'il représente en même temps le Soleil, dont il porte la couronne à sept rayons (στέφανος ἑπτάκτις, ἀκτινοειδής). Je défie le faussaire le plus adroit de tirer de sa tête la représentation d'une divinité orientale avec des attributs si peu communs et que la science, après trois siècles d'attente, est obligée de reconnaître pour exacts. Un petit aigle, portant une couronne dans son bec, est perché sur l'épaule droite de Jupiter. Cette particularité, il est vrai, se rencontre ici pour la première fois; mais elle n'a rien que de très-naturel, puisque le dieu de Doliché est constamment accompagné de son oiseau favori. Sur le bas-relief du musée national de Hongrie[3], un aigle éployé tient une couronne dans son bec pour en faire hommage à son maître victorieux; d'autres fois[4] c'est la Victoire elle-même qui vient apporter cet emblème triomphal. En voyant l'aigle à la place qu'il occupe ici, on se rappelle involontairement les deux corbeaux qui, assis sur les épaules d'Odin[5], lui disent à l'oreille tout ce qu'ils ont vu et entendu.

J'arrive à l'autel qui se dresse en face de notre groupe. La pomme de pin qui s'y trouve déposée fait penser à celles des fresques de Pompéies, à moins que le dessinateur n'ait commis une erreur en prenant pour un *strobilus* la flamme du sacrifice terminée en pointe. Je me borne à comparer les deux tablettes de la pyramide de Kömlöd, dont nous avons, à plusieurs reprises, apprécié la haute importance[6].

Malheureusement nous ne sommes pas encore au terme de cette analyse laborieuse, et je crains même que, tout en paraissant nous rapprocher d'une solution, nous ne nous en écartions davantage. Quoi de plus insolite, en effet, sur un bas-relief antique, que cette espèce de hors-d'œuvre sculpté en regard du sujet principal, dont il est comme le pendant? A gauche, Jupiter sur un taureau; à droite, une déesse, debout sur un cerf, mais de taille moindre et sur un plan plus éloigné. Non que ce sujet complémentaire ne soit dans l'esprit de l'art ancien. La peinture de Pompéies[7] et la mosaïque d'Ampurias[8], qui représentent le sacrifice d'Iphigénie, nous montrent Artémis et sa biche, de proportions très-petites, traversant les airs, pour porter secours à la jeune fille. Mais pour la

---

1. Sur le premier dessin, ces lanières (πτέρυγες) se confondent avec les plis de la tunique.

2. Seidl, pl. 3.

3. Seidl, *Nachtrag*, p. 28 (pl. 1).

4. Seidl, l. c.; de même sur le bas-relief de Cesena et sur les deux pyramides.

5. Grimm, *Mythologie allemande*, p. 134. 637.

6. M. Seidl, dans son *Nachtrag*, p. 30, paraît douter de l'authenticité de ces bronzes, qui est cependant au-dessus de toute contestation.

7. Helbig, *Wandgemaelde*, n° 1304.

8. *Archæolog. Zeitung*, Berlin, 1869, pl. 14.

sculpture qui nous intéresse, la question devient plus compliquée, car, en dehors de la similitude des poses, on ne comprend pas tout de suite quel rapport peuvent avoir entre elles deux figures aussi dissemblables.

Le dessin tronqué que Smetius avait sous les yeux s'arrêtait au dos du cerf; sans cela il n'aurait pu dire : *Adversus, paulo in monticulo, stat, ut videtur, aries.* Un bélier, du reste, ne serait pas déplacé, car le taureau du groupe de Szlankament, au musée de Vienne[1], marche sur une tête de bélier, ce qui est une allusion aux criobolies. Néanmoins, cela ne trancherait pas la difficulté. Quant au monticule, il serait plus supportable qu'une base avec une inscription fausse.

Au risque de mettre le comble à toutes ces incertitudes qui naissent les unes des autres, je dois signaler un fait grave. La déesse au cerf a été publiée séparément dans le recueil de Muratori[2], d'après un dessin tiré précisément des papiers de Ligorio[3]. Le texte grec qui l'accompagne ne vaut pas la peine d'être examiné; il est aussi faux que celui que nous venons de rejeter et auquel il ressemble à plusieurs points de vue[4]. En comparant les deux sculptures, si je puis les appeler ainsi, on remarque bien quelques variantes. Dans Muratori, le cerf est tourné à droite, Diane n'a pas la tête voilée; elle tient de la main gauche abaissée son arc; de l'autre, levée, une flèche. Sa coiffure est celle d'un jeune homme, et tandis que l'un de ses bras paraît nu, l'autre porte distinctement une manche longue. Mais ces différences sont, en partie, contraires aux usages de l'antiquité; si j'hésite à en attribuer la responsabilité au dessinateur, à son inattention ou à l'état fruste dans lequel le monument a pu se trouver, c'est qu'une Diane vêtue d'une tunique talaire ne convient guère à l'époque présumable du bas-relief. Sans la fâcheuse réputation de Ligorio, on ne serait certes pas embarrassé pour expliquer ce costume; mais dans l'état actuel de la question, je pense qu'il s'agit là d'un seul et même sujet, dédoublé par un faussaire expérimenté. Ma conviction s'accroît en face d'une fraude plus évidente encore et dont on ne s'est pas assez méfié. Sur une tablette de bronze, déterrée à Rome, on prétend avoir vu Jupiter de Doliché groupé avec Junon, debout sur un cerf; au-dessous de cette dernière, la légende : *Junoni Assyriæ reg(inæ) Dolichenæ*[5]. Une pareille inscription n'a pu exister; elle entraîne dans sa chute les deux figures, quelque envie qu'on ait de les sauver en songeant aux découvertes récentes qui nous en ont fait connaître d'analogues. Elles ont cependant leur utilité, puisqu'elles prouvent que leur inventeur, Ligorio, avait rencontré la déesse au cerf sur l'autel que nous publions et qu'il n'a pas réuni en un seul deux monuments disparates. Comment, sans cela, aurait-il pu savoir, ce que nous supposons seulement, que les deux divinités ont des rapports entre elles? Comment l'idée lui serait-elle venue de représenter Junon au second plan et dans des proportions moindres que son époux?

Je crois devoir insister sur ce point, attendu qu'un haut-relief de la villa Ludovisi[6] nous montre une déesse diadémée et vêtue d'un péplus, debout sur un cerf qui marche vers la droite. Dans la main gauche levée, elle tient un long sceptre, surmonté d'une Victoire; la main droite est brisée. Une arcade soutenue par deux colonnes encadre la figure et semble représenter l'intérieur d'un temple. D'après l'épigraphe[7], cette sculpture avait été consacrée par un chevalier romain, faisant fonction de

---

1. Seidl, pl. 1 (p. 4).

2. Pag. 34, 4. Seidl, pl. 4, 3.

3. Ce dessin fait aussi partie de la collection d'Étienne Dupérac.

4. *Corpus inscr. græc.*, 5949 : (feuille de lierre) Γ. Ἰούλιος. Πριμ. (Dupérac écrit πριμιτ.) ἀνέθηκαν.

5. Reinesius, cl. I, nᵒˢ 225-226. Seidl, nᵒ 68.

M. Henzen (*Bull. dell' Instituto*, 1856, p. 112.114) condamne les inscriptions seulement; les figures lui paraissent de bon aloi. En existerait-il un dessin?

6. Henzen, *l. c.*, p. 110-116.

7. En dessous, l'inscription : *Julius Aelius Aur. Julianus eq. R.*

prêtre, le même sans doute qui avait déjà dédié un autel célèbre[1] à Jupiter de Doliché. Quant au nom de la déesse, il n'y a pas de honte à dire que nous l'ignorons, et malheureusement celle qui figure sur le croquis de Dupérac ne nous est pas connue davantage. L'une réunit les attributs de Junon-Reine et de Diane; l'autre porte en outre le miroir de Vénus et le croissant de Luna. Ce mélange s'accorde assez bien avec les interprétations diverses dont la déesse syrienne et la Junon céleste furent l'objet de la part des auteurs anciens; mais ces idoles étaient posées sur des lions. Sur la pyramide de Kömlöd, une déesse voilée et vêtue d'une robe longue (*Junon?*) se tient debout sur un bouquetin; sur celle de Heddernheim, on voit Isis debout sur un chevreuil (?). Avant de disposer de matériaux nouveaux, nous serons donc forcés de nous contenter d'un nom provisoire, tel que « Diane asiatique ». La dénomination définitive pourra être autre, car on n'oubliera pas que le croissant qui orne le front de la déesse fait pendant à la couronne radiée du Jupiter-Soleil, et que la petite Victoire du sceptre est une allusion aux succès des légions romaines, dont le dieu de Doliché, revêtu de sa lourde cuirasse, est comme le général en chef.

Dans cette longue discussion un seul détail est resté sans commentaire; il ne nous arrêtera pas longtemps. Pour quel motif le sculpteur, qui ne manquait pas de goût, a-t-il choisi une si singulière ordonnance des deux groupes? Est-ce par une fantaisie d'artiste que Diane et son cerf ont été raccourcis, relégués en arrière, placés sur ce que les savants du xvie siècle appelaient un monticule? Ou bien, ce procédé a-t-il sa raison d'être? s'explique-t-il par les nécessités de la mise en scène? ou par une idée théologique assez claire pour être comprise au moyen d'un simple changement de perspective? C'est cette dernière question qui a touché juste, malgré sa bizarrerie apparente. En effet, je suis persuadé que l'autel a été dédié à Jupiter Dolichenus à la suite d'un songe. Le consécrateur, pendant qu'il dormait dans l'enceinte sacrée, avait vu la déesse descendre du ciel pour lui donner l'ordre d'élever une *ara* en l'honneur de Jupiter. De là, le dieu mis au premier plan, car c'est le personnage principal; Diane, au contraire, est reculée dans l'angle supérieur du bas-relief, comme si elle arrivait de loin, du haut de l'Olympe. On sait que Luna, en sa qualité de divinité de la nuit, avait une part considérable dans les songes et les visions nocturnes. De plus, une grande partie des monuments relatifs à Dolichenus doivent leur origine à un ordre spécial émanant du dieu (*ex iussu, iussu dei, ex ius[s]o numinis*); dès lors, il devient probable que son culte aura eu de l'analogie avec beaucoup d'autres où les croyants passaient la nuit dans le temple pour attendre les révélations envoyées par Jupiter, sous forme de songes. Une inscription de Transylvanie[2] nous apprend qu'un autel avait été érigé au même dieu par ordre d'Esculape; une autre fois[3] c'est Jupiter lui-même qui prescrit d'élever une statue d'Apollon.

Quant aux attributs de la déesse au cerf, il est hors de doute que Ligorio n'a pu les inventer. S'il avait eu recours soit à son savoir, soit à son imagination, il aurait trouvé quelque chose de plus vraisemblable qu'une divinité panthée, dont aujourd'hui encore nous sommes on ne peut plus embarrassés pour expliquer les symboles, et probablement aussi lui serait-il arrivé de commettre une de ces bévues qui trahissent le faussaire, tandis que la figure qu'il a dessinée n'offre rien de contraire aux exigences de la mythologie ancienne. Si j'ai réussi à en convaincre mes lecteurs, j'éprouverai plus

---

sac. huius h[i] [*loci?*] *cum suis omnibus ex voto liviens animo.* Gudius, p. 65, 4 (il y voyait une Diane).

1. Gruter, p. 13, 17. Seidl, n° 35.

2. Ackner-Müller, n° 829. Seidl, n° 29.

3. Seidl, n° 34. O. Jahn, *Leipziger Berichte*, 1868, p. 172. Je ne crois pas tout à fait à l'authenticité de ce texte; quant au n° 13 de M. Seidl (Villa Fonseca. *Muratori*, p. 354, 2), il n'est pas moins suspect.

de satisfaction à rendre aux antiquaires deux bas-reliefs que la science avait oubliés sur son chemin, que s'il m'eût été donné de publier un objet de premier ordre provenant d'une fouille récente.

Ce résultat obtenu, il importe peu de rechercher dans quel but Ligorio n'avait communiqué à Pighius et à Smetius que la moitié inférieure des deux sculptures, celle qui était la moins intéressante. J'ai déjà fait remarquer combien il serait surprenant que deux autels votifs, consacrés au même dieu, eussent subi exactement les mêmes dégradations, de sorte que chaque fois le buste de Jupiter eût disparu jusqu'à l'ombilic. Et voilà qu'à trois cents ans de distance, nous découvrons que la partie supérieure de ces autels était parfaitement connue. Ligorio se réservait-il l'honneur d'une publication? ou était-il moins communicatif pour les savants que pour un architecte qui n'avait pas conscience de la valeur scientifique des monuments? C'est ce que nous saurons peut-être un jour quand les archéologues de Turin, de Naples et d'Oxford nous auront appris quel parti il reste à tirer des collections manuscrites de Ligorio. Les artistes de la Renaissance disposaient d'une foule de matériaux, perdus sans retour. Je suis certain qu'en parcourant leurs cartons on découvrira, sans creuser le sol, mainte épave des richesses que l'on dédaignait autrefois et qui nous seraient maintenant d'un secours précieux. J'espère que l'avenir me permettra de contribuer à cette œuvre méritoire, et que les regains ne seront pas tout à fait indignes de nos premières fauchées.

Paris, 28 décembre 1870 (102e jour du siége).

SCÈNES DE LA GUERRE DE TROIE

COUPE DE L'ANCIENNE COLLECTION DU PRINCE NAPOLÉON

— Pl. 10-12 —

es vases revêtus de signatures d'artistes ne sont pas du domaine exclusif de l'érudition archéologique; ils appartiennent plus encore à l'histoire de l'art. C'est pour cela que mes dessinateurs ont mis un soin tout particulier à reproduire cette magnifique coupe [1], extraite de la nécropole de *Sainte-Marie de Capoue* [2].

Deux inscriptions, tracées en lettres antérieures à la guerre du Péloponnèse (olympiade 87), nous apprennent les noms du fabricant et du peintre. Le fabricant *Calliade* (ΚΑΛΙΑΔΕϞ

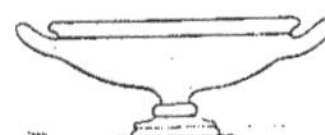

1. Catalogue n° 218. Froehner, *Catalogue d'une collection d'antiquités*, n° 75. — Hauteur 0,12. Diamètre 0,265. Une tache de tartre recouvre une partie de l'intérieur.

2. Voir Jahn, *Vasensammlung der Münchener Pinakothek; Einleitung*, p. LX. — Raoul-Rochette, *Notice sur les fouilles de Capoue* (Paris, 1853). — G. Riccio, *Notizie degli scavamenti del suole dell' antica Capua* (Napoli, 1855). La coupe avait été achetée à M. Alessandro Castellani.

ΕΠΟΙΕΗΕΝ, Καλλιάδης ἐποίησεν) est inconnu; son nom paraît ici pour la première fois [1]. La part qu'il a prise à l'exécution du vase a dû être assez importante pour qu'il ait revendiqué l'honneur d'y apposer sa signature. En effet, la forme de la coupe, d'un goût parfait, la finesse et la légèreté de la matière, sont des qualités qui exigent une main des plus habiles.

Quant au peintre, le nom de *Douris* (ΛΟΡΙΗ ΕΛΡΑΘΗΕΝ, Δοῦρις ἔγραψεν) figure sur un grand nombre de monuments céramographiques [2], provenant soit de Vulci, soit de Cervetri, et qui se ressemblent tant par le style que par le choix des sujets et l'esprit de l'ornementation. Nous savons que cet artiste ne s'occupait pas seulement de décorer les vases, mais qu'il en fabriquait lui-même. C'était un ouvrier peu lettré, à en juger par les fautes d'orthographe et les formes empruntées au patois populaire dont il émaille ses inscriptions.

L'intérieur de la coupe représente une scène de la guerre de Troie. *Eos* (ΗΕΟΗ) ailée descend sur le champ de bataille pour relever le corps inanimé de son fils *Memnon* (ΜΕΜΛΟΝ, sic) qui vient de succomber dans sa lutte contre Achille. La déesse porte un double chiton, garni de manches courtes, transparent, finement plissé et retombant jusqu'aux chevilles. Elle est coiffée à la mode archaïque; en d'autres termes, la majeure partie de sa chevelure reste cachée sous un morceau d'étoffe brodée, et les petites boucles étagées en trois rangs qui surmontent le front sont seules visibles. L'artiste les a indiquées par des points noirs en relief [3]. Une paire de boucles d'oreilles forme l'unique parure de l'épouse de Tithon.

Tournée à droite, Éos se penche en avant pour enlacer de ses deux bras, tendus par l'effort, le cadavre de Memnon qui est dépouillé de ses armes et de ses vêtements. Le mort, également frisé à la manière archaïque, porte des moustaches et une longue barbe [4]. Son sang s'échappe par trois blessures; les veines et les muscles sont marqués par des lignes d'un jaune clair. Qui n'admirerait pas la réalité puissante avec laquelle l'artiste a su rendre la rigidité de la mort? on dirait une *Descente de croix* de quelque maître italien du xvᵉ siècle, d'Andrea Mantegna ou de Luca Signorelli.

Il n'existe, à ma connaissance, que deux vases qui représentent le même sujet. C'est d'abord une amphore d'Agrigente, à peintures noires [5], dont les inscriptions explicatives ne laissent pas de doute sur la pensée du peintre. Mais, tandis que la coupe de S. A. I. montre l'Aurore au moment où elle relève un corps encore ruisselant de sang, le vase sicilien recule l'action de quelques instants; déjà la déesse a repris son vol, et, jetant un dernier regard sur la plaine d'Ilium, elle emporte la dépouille mortelle de son fils.

1. Lucien, dans ses *Dialogues des courtisanes* (ch. 8, 3), mentionne un peintre du nom de *Kallides*. Sillig (qui corrige *Kalliades*: *Catalogus artificum*, p. 120), et après lui MM. Brunn (*Histoire des Artistes*, t. II, p. 311) et Blümner (*Archæologische Studien zu Lucian*, p. 45) ont pensé que c'était un nom fictif.

2. Nous connaissons treize vases à figures rouges portant le nom de *Douris* (Raoul-Rochette, *Lettre à M. Schorn*, 2ᵉ édition, p. 38. — Clarac, *Catalogue des artistes de l'antiquité*, p. 99. — *Revue de philologie*, t. II, 408. 409. 513. — Brunn, *Histoire des Artistes grecs*, t. II, p. 668-670. — *Bullettino romano*, 1866, p. 185. — *Annali dell' Inst.* 1867, p. 141. — *Monumenti*, t. VIII, pl. 41). La plupart sont des coupes. L'artiste signe ordinairement Δε(ύ)ρις ἔγραψεν (une fois en lettres rétrogrades), puis Δο(ύ)ρις ἐποίει et Δο(ύ)ρις ἔγραψεν καὶ ἐποίεσιν.

Notre coupe est le quatorzième monument de cette série; je saisis l'occasion pour en ajouter deux autres qui se trouvent à l'atelier de restauration du musée du Louvre (fonds Campana) : 15ᵉ Fragment du fond d'une *kylix* à peinture rouge: Éphèbe nu, à droite, debout, tenant de la main droite avancée une coupe. Derrière lui on voit une chaise recouverte d'un coussin. Inscription ΛΟΡΙΗ ΕΛΡΑ..... 16ᵉ Fragment semblable : Homme barbu, drapé, à gauche, la tête retournée, un bâton à la main droite. Même légende. Revers : éphèbes en lutte.

3. Pour ne pas perdre ce détail précieux, j'ai fait remplacer les points noirs en saillie par des points blancs.

4. Philostrate, *Imagines*, l. I, 7 : Σκέπει γὰρ ἕως μὲν καὶ τοι καὶ ἐπ᾽ τῆς, γῆς, ὅσες δὲ ὁ τῶν βοστρύχων ἄσταχυς, οὕς, εἴχει, Νείλῳ ἔτρεψε. — ὅρα τὸ εἶδος, ὡς ἔρρωται καὶ τῶν ὀφθαλμῶν ἀπελωλότων.

5. Vase Hamilton, publié par Millingen. *Ancient unedited monuments*, vol. I, pl. 5 (p. 12). Müller-Wieseler, *Denkmæler alter Kunst* I, pl. 19, 99 (p. 14). Inghirami, *Vasi fittili*, pl. 258. Overbeck, *Bildwerke zum troischen Heldenkreise*, pl. 22, 11; p. 532-534.

Une petite amphore de Chiusi [1], à peinture rouge, offre cette variante remarquable que Memnon y est imberbe et que son bras droit est replié sur la tête qui retombe en arrière. On trouvera le même motif sur un miroir étrusque de Vulci [2]. Éos, l'occiput voilé, se dirige d'un pas lent vers la droite. Une chouette, assise dans le champ, a la double mission d'indiquer qu'il fait nuit et de symboliser le mauvais augure d'une scène funèbre.

Sur un médaillon de bronze, d'art étrusque, l'Aurore est agenouillée, un nimbe et une couronne radiée entourent sa tête [3]. Un scarabée de l'ancienne collection Durand [4] nous montre le mort portant au bras gauche un bouclier circulaire. Je ne parle pas d'autres monuments de ce genre dont l'interprétation me paraît moins certaine [5]; mais il n'est pas sans intérêt de savoir que le rapt du cadavre (ἁρπαγὴ σώματος) de Memnon était quelquefois représenté sur le théâtre d'Athènes et que les machinistes avaient inventé un appareil spécial (γέρανος) pour aider l'Aurore à enlever le corps [6].

Derrière le groupe, on lit une inscription trilinéaire : ᗺENEMEKNERINE HERMꓷᎠENEꓯ KALOꓯ qu'il faut traduire, sauf erreur [7], par : *Voyez, le bel Hermogènes m'a choisie : ἤν, ἐμὲ ἐνέκρινε Ἑρμογένης καλός*.

Le revers de la coupe est orné de deux sujets (pl. 11-12) formant pendants et encadrés chacun d'une paire·de palmettes délicieuses. La première peinture représente un fait de guerre dont l'antiquité ne nous a transmis aucune autre illustration [8] : la monomachie entre *Ménélas* (MENEᏞEOꓯ) et *Pâris*, dit *Alexandre* (AᏞEXꓯANAROꓯ) [9]. Nous connaissons les péripéties de ce combat par le troisième chant de *l'Iliade* [10].

Dans le poëme homérique, Pâris, à la tête des Troyens, provoque les plus braves de l'armée grecque à se mesurer avec lui. Aussitôt Ménélas saute à bas de son char pour se précipiter sur le ravisseur ; mais le prince troyen craint de se rencontrer avec l'homme qu'il a outragé ; saisi d'épouvante, il cherche un refuge dans les rangs de ses compagnons d'armes. Sur les reproches d'Hector, il reprend courage et se déclare prêt à soutenir contre le roi de Sparte un combat singulier dont Hélène sera le prix.

> Alors le divin Alexandre, époux d'Hélène aux beaux cheveux,
> Revêtit son corps d'une armure étincelante ;
> D'abord il entoura ses jambes de belles cnémides
> Attachées aux chevilles par des agrafes d'argent ;
> Ensuite il se couvrit la poitrine de la cuirasse

---

1. Heydemann, *Griechische Vasenbilder* (Berlin, 1870), p. 13 ; Hilfstafel, n° 1 (d'après Gargallo-Grimaldi, *Rendiconto dell' Accademia di Archeologia, Lettere e Belle Arti della Società Reale*; Napoli, 1865).

2. Gerhard, pl. 361 (texte, p. 114). Heydemann, *Arch. Zeitung*, 1870, p. 19.

3. *Museum Gregorianum*, t. I, pl. 3, 1ᵃ.

4. *Catalogue*, n° 2202. *Bullettino dell' Inst.* 1835, p. 162.

5. Scyphus Canino (Catalogue n° 70. Coll. Pourtalès, n° 208). Jahn, *Archaol. Beitrage*, p. 108-109. — Miroir de l'Ermitage. Stephani, *Nimbus und Strahlenkranz*, p. 61-62.

6. Pollux, *Onom.*, l. IV, 130.

7. La lettre ᗺ doit être un *digamma* placé à l'envers, bien qu'on soit étonné de le rencontrer à côté de trois exemples de l'aspiration attique (Ἡρμ, Ἑρμογένης, Ἕκτωρ). Ἐνέκρινε me paraît être une métathèse pour ἐνέκρινε; cependant je n'oserais garantir la justesse

de cette interprétation. Une statue en bronze d'Alcamènes avait été surnommée « encrinomenos » (*classique*) ; Pline, l. 34, 72. Mais *Douris* écrit aussi Μέμλον et même Αἴας, Ἕκτωρ, Ἀπόλλων, Ἀθαία.

Toutes les autres particularités de l'orthographe sont des archaïsmes. Les doubles consonnes ξ et ψ sont remplacées par χσ et φσ (Ἀλέχσανδρος, ἔγραφσεν), λλ par λ simple (Καλιάδες), ω par ο (Ἥρος, Ἀθε[ν]αία, Ἡρμογένης, Καλιάδες, ἐπώεσεν, Ϝίν. — Ἥρος, Μέμλον, Ἀπόλλον, Μανέλεος). — Μανέλεως est la forme attique pour Μενέλαος.

8. On vient de publier une urne étrusque de Volterre représentant le même sujet. Schlie, *Der troische Sagenkreis*, p. 114.

9. En lettres rétrogrades. — Ἀλέξανδρος n'est que la traduction grecque du nom asiatique *Pâris*. Voir : G. Curtius dans la *Zeitschrift für vergleichende Sprachforschung*, t. I, 35.

10. Vers 328 et suiv.

De son frère Lycaon : elle allait à sa taille.

Un glaive d'airain, orné de clous d'argent,

Puis un large et solide bouclier furent suspendus à ses épaules.

Il mit sur sa tête robuste un casque bien travaillé,

Surmonté d'une queue de cheval dont les mouvements inspiraient la terreur

Enfin, il saisit une forte lance qui s'adaptait à sa paume.

     De même, Ménélas le valeureux se revêtit de ses armes.

Lorsque tous deux, chacun au milieu des siens, eurent terminé ces apprêts,

Ils s'avancèrent dans l'espace resté libre entre les Troyens et les Achéens,

En échangeant des regards terribles. Un frisson parcourut les spectateurs,

Aussi bien les Troyens, dompteurs de coursiers, que les Achéens aux belles cnémides.

Puis ils s'arrêtèrent à peu de distance l'un de l'autre dans la limite mesurée,

Brandissant leurs lances avec fureur.

     Alexandre lâche le premier sa haste dont l'ombre se projette au loin ;

Il atteint le bouclier circulaire du fils d'Atrée,

Mais sans en percer le métal ; la pointe se recourbe

Sur l'arme massive. Alors le fils d'Atrée, Ménélas,

Lève à son tour la lance, en invoquant Zeus, père de l'univers :

« O souverain Zeus, qu'il me soit donné de châtier le divin Alexandre

« Qui m'a outragé le premier. Laisse-le périr de ma main,

« Afin que désormais aucun étranger n'ose

« Insulter l'hôte qui l'aura accueilli en ami ! »

A ces mots, il brandit et lâche sa lance dont l'ombre se projette au loin.

La hampe solide vient frapper le fils de Priam ;

Elle traverse le bouclier rond et brillant,

Pénètre dans la cuirasse, artistement travaillée,

Et sans s'arrêter, déchire son chiton le long du flanc.

Mais Alexandre se penche et échappe ainsi à la sombre Mort.

Aussitôt le fils d'Atrée tire son glaive, orné de clous d'argent,

Et frappe d'en haut le cimier de son ennemi,

Jusqu'à ce que, brisée en trois ou quatre éclats, la lame lui tombe des mains.

Alors il gémit et les yeux levés vers le vaste firmament :

« O Zeus, s'écrie-t-il, père de l'univers, il n'y a point de dieu plus cruel que toi.

« Je m'étais promis de punir le perfide Alexandre,

« Et voilà que mon épée se brise, et ma lance

« A vainement quitté ma main, sans le frapper. »

Il dit et se précipite sur son adversaire, le saisit par l'épaisse crinière de son casque

Et l'entraîne en arrière, vers les Achéens aux belles cnémides.

Déjà la jugulaire richement brodée du casque

Serre la gorge délicate d'Alexandre :

Pour peu Ménélas l'eût emmené et se fût couvert d'une gloire sans pareille,

Si la fille de Zeus, Aphrodite, voyant ce qui se passait,

N'eût brisé la courroie, dépouille d'un bœuf immolé.

Le casque seul suivit la main vigoureuse qui le tenait,

Et le héros le fit tournoyer dans l'air et le jeta au milieu des Achéens aux belles cnémides,

Où il fut relevé par ses fidèles compagnons.

Puis Ménélas s'élança de nouveau, impatient de tuer son ennemi

D'un coup de haste ; mais Aphrodite enleva sans peine

Son protégé, grâce à sa puissance divine. Elle l'enveloppa d'un brouillard épais

Pour le reconduire chez lui, dans la chambre nuptiale, parfumée d'odeurs délicieuses.

. . . .

En vain le fils d'Atrée, semblable à une bête fauve, court de tous côtés
Pour découvrir dans la foule Alexandre, beau comme un dieu.
Ni les Troyens, ni leurs illustres auxiliaires
Ne peuvent dire ce qu'il est devenu.

En rapprochant notre peinture de la description qu'on vient de lire, nous y trouvons de notables variantes. Sur la coupe de *Douris* le combat est représenté au moment où Ménélas, l'épée à la main, s'élance à la poursuite d'Alexandre. Ce dernier n'a pas encore jeté sa haste, et au lieu de résister, il prend la fuite. Derrière Ménélas, on aperçoit la déesse *Aphrodite*, à l'autre extrémité du tableau *Artémis* (ΑΡΤΕΜΙϞ), qui viennent simultanément arrêter le roi victorieux. Vénus tient une fleur rouge ; Diane, amie dévouée des Troyens, lève le bras droit pour ordonner la paix. Il est évident que l'artiste qui a dessiné cette scène n'a pu s'inspirer du chant de l'*Iliade;* un autre poëme épique, aujourd'hui perdu, ou une légende populaire auront servi de base à sa composition.

Un examen approfondi de notre xiᵉ planche nous fournit une infinité de renseignements précieux. Commençons par le costume des deux héros. Ils portent chacun un chiton très-court et très-transparent qui laisse à découvert les bras, les jambes et la moitié des cuisses. Cette espèce de chemise délicatement plissée èst en partie cachée sous la cuirasse. Homère, en sa qualité de poëte, peut appeler ses guerriers χαλκοχίτωνες, *revêtus de tuniques de bronze;* les monuments nous apprennent qu'ils portaient une armure en bronze et une tunique en toile. La cuirasse de Ménélas affecte la forme de la poitrine humaine (θώρηξ) ; celle de Pâris, moins simple, se compose de deux parties distinctes : du pectoral en écailles ciselées [1], retenu au moyen d'une large ceinture (ζωστήρ), et d'épaulières en métal ; ensuite du tablier en lanières de cuir (πτέρυγες). Je puis me dispenser d'entrer dans les détails de l'ornementation. Le dessin que j'ai mis sous les yeux du lecteur me semble plus éloquent que ne saurait l'être la description la plus exacte.

Les casques des combattants sont de forme presque identique ; on y distingue les mentonnières relevées (φάλαρα) avec leurs charnières ; le garde-nuque, la crête (κύμβαχος), le porte-panache percé de trous au travers desquels on passait le lacet qui retenait la crinière, c'est-à-dire une queue de cheval teinte en rouge. Le casque de Ménélas est seul pourvu d'un nasal.

J'arrive aux boucliers. Là, les détails sont particulièrement instructifs, encore que nous ne voyions que l'une des faces de cette arme, la partie concave. Le bouclier circulaire est formé de plusieurs peaux de bœufs superposées, cousues ensemble par des lanières de cuir et consolidées au moyen d'une longue courroie disposée en carré. Un rebord métallique (ἄντυξ) et un cercle de bronze de moindre dimension leur prêtent une force de résistance extrême. Le bras gauche s'engage dans une anse assez large (ὄχανον), terminée en queue d'aronde ; une poignée est fixée entre les deux cercles concentriques.

Le glaive de Ménélas a la forme d'une lancette ; le double tranchant, la garde un peu relevée, le pommeau quadrangulaire, sont fidèlement reproduits. Quant au manteau que chacun des combattants porte sur les épaules, on y remarquera les glands de plomb cousus aux pointes dans le but de faciliter l'ajustement des plis de l'étoffe.

Le costume des déesses appelle également notre attention. C'est un chiton talaire à manches

---

1. Les ciselures sont indiquées au moyen de petites lignes jaunes.

courtes, et un manteau à large bordure qui descend jusqu'aux genoux et ne recouvre ni le bras ni le sein droit. Mais tandis que les manches d'Aphrodite sont fermées par une simple couture, celles d'Artémis sont garnies de boutons. Les coiffures ressemblent à celle de l'Aurore dont j'ai parlé plus haut. Les boucles d'oreilles de Diane et son carquois rempli de flèches sont dessinés avec le plus grand soin.

Je passe à la troisième peinture (pl. XII).

N'était les inscriptions, nous dirions qu'elle représente Hector tué par Achille; mais heureusement, les noms des quatre personnages qui composent la scène y sont écrits en toutes lettres, de sorte qu'il ne subsiste pas le moindre doute sur le sujet du drame.

Le duel entre Ajax (AIAI, *sic*), fils de Télamon, et Hector (HEKLOR, *sic*) est raconté dans le septième chant de l'*Iliade*. Apollon, qui favorise les Troyens, s'entend avec Minerve pour que la guerre soit terminée par un combat d'homme à homme. A leur instigation, Hector provoque le plus courageux des Grecs; mais sa taille gigantesque effraye tellement les princes de l'armée hellénique que personne n'ose accepter un pareil défi. Enfin, sur les reproches de Ménélas et du vieux Nestor, neuf guerriers se présentent, et le sort désigne Ajax. Écoutons le poëte lui-même [1] :

> Ajax revêtit sa magnifique cuirasse de bronze,
> Et lorsqu'il eut couvert son corps de toutes ses armes,
> Il s'avança, pareil par sa taille colossale au dieu de la guerre
> Qui se mêle aux luttes des hommes, livrés par Zeus
> Aux fureurs d'une discorde déplorable.
> Tel s'élança le géant Ajax, rempart des Achéens,
> Un sourire terrible sur les lèvres; marchant à grands pas,
> Il agita sa lance dont l'ombre se projeta au loin.
> Son aspect remplit les Grecs d'une grande joie,
> Mais la terreur fit trembler les jambes des Troyens,
> Et Hector lui-même sentit son cœur palpiter dans sa poitrine.
> Cependant il était trop tard pour avouer ses craintes et se retirer
> Dans les rangs de son armée, après avoir porté le défi.
> Ajax s'approche, tenant un bouclier haut comme une tour,
> Garni de bronze, composé de sept peaux de bœuf : c'était l'ouvrage
> Du meilleur corroyeur, *Tychios*, qui demeurait à *Hylé*.
> Il avait fabriqué cette arme facile à manier, en recouvrant les dépouilles
> De sept vigoureux taureaux d'une enveloppe d'airain.

Après quelques paroles échangées, Hector lance sa haste qui atteint le bord du bouclier de son adversaire. La pointe traverse six doublures et ne s'arrête qu'à la septième. La lance d'Ajax frappe à son tour le bouclier circulaire du prince troyen; elle pénètre dans la cuirasse et déchire jusqu'au chiton : Hector n'échappe à la mort que par un de ces mouvements brusques dont il se vante de connaître le secret. Dans une nouvelle attaque, il est blessé à la gorge, ce qui ne l'empêche pas de ramasser une énorme pierre pour la jeter sur son ennemi. Celui-ci imite son exemple; le bouclier d'Hector est broyé; le héros, meurtri au genou, tombe à la renverse. Mais Apollon le relève aussitôt,

---

1. *Iliade*, VII, 206 et suivants.

puis les deux guerriers se prennent corps à corps, et cette terrible lutte dure jusqu'à l'arrivée des messagers de paix qui, étendant leurs sceptres, réussissent à séparer les combattants.

Il me paraît inutile de faire ressortir encore une fois les différences qui existent entre la légende homérique et la tradition suivie par l'artiste.

Sur notre peinture, Hector, blessé à la poitrine par un coup de lance, est tombé[1]; il n'oppose plus qu'une faible résistance au héros grec qui se précipite sur lui pour l'achever. Mais à la place des messagers de paix, nous voyons d'un côté *Athéné* (ΑΘΕΑΙΑ, *sic*)[2] qui, arrivant en toute hâte pour retenir le vainqueur, le saisit par la crinière du casque; du côté opposé, *Apollon* (ΑΠΟΟΛΛΟΝ, *sic*) l'arrête d'un geste impérieux. La victoire d'Ajax est d'autant plus glorieuse qu'Hector a une véritable taille de géant[3].

Nous ne connaissions jusqu'à ce jour que deux œuvres d'art grecques se rattachant à cet épisode de l'*Iliade :* un panneau du coffre de Cypsélus[4] et une fonte d'*Onatas*, ex-voto des Achéens à Olympie[5]. Cette dernière, comprenant un groupe de dix statues de bronze, représentait le moment où les guerriers qui avaient accepté le défi d'Hector attendaient que Nestor eût proclamé le résultat du tirage au sort. Un miroir étrusque[6] du musée britannique est venu tout dernièrement occuper la troisième place.

En rapprochant le vase de S. A. I. de ceux qui représentent la lutte suprême entre Hector et Achille[7], on constatera une fois de plus la facilité avec laquelle les peintres grecs reproduisaient un motif connu pour en faire un tableau entièrement nouveau. Ils se contentaient pour cela de changer les noms propres des figures et d'introduire quelques modifications insignifiantes.

Quant aux détails de costume, Minerve, vêtue d'un manteau et d'un long chiton transparent, a la poitrine couverte de l'*égide ;* les écailles en métal et les serpents qui en forment la bordure sont rendus avec une grande netteté. La déesse est armée d'une lance ; sa chevelure retombe sur la nuque ; son casque est garni d'une visière qui a la forme d'un diadème. Apollon, drapé, selon son habitude, dans une robe de femme, porte un arc et un carquois plein de flèches. Une couronne de laurier entoure ses cheveux, bouclés à la façon archaïque.

Hector est entièrement nu, comme un vrai sauvage. Sa barbe pointue, ses moustaches, sa chevelure frisée, prêtent à sa physionomie un caractère tant soit peu asiatique. Il porte un casque corinthien où l'on distingue le nasal, les *vues* et les *ventaux*. Son épée ressemble à un yatagan oriental; le fourreau, orné de rayures, est suspendu au côté gauche par une courroie qui vient se joindre à deux cordelettes entre-croisées.

L'armure d'Ajax est plus instructive encore. Les cnémides sont échancrées; le chiton est garni de manches courtes; la cuirasse se compose d'un pectoral en plaques de bronze superposées et d'un tablier en lambrequins de cuir. Les épaulières, qui se rabattent sur une ceinture très-large, sont fixées

---

1. Comparez le vase publié par Gerhard, *Auserlesene Vasenbilder,* III, pl. 201, et celui de Palerme reproduit dans l'*Archaeologische Zeitung,* 1871, pl. 48.

2. Ἀθηναία. Voir sur cette forme Osann dans son édition de *Cornutus,* p. 305. Welcker, *Gœtterlehre,* I, 301. Wecklein, *Curae epigraphicae,* p. 10.

3. Πελώριος. Il mesure 105 millimètres sur notre coupe, tandis que son adversaire n'en a que 90.

4. *Pausanias,* V, 19, 2. *Eris* y était placée entre les deux héros, comme sur le vase de Gerhard, *Auserlesene Vasenbilder,* t. I, pl. 20.

5. *Pausanias,* V, 25, 8-10. Son œuvre est antérieure à l'époque de Périclès.

6. Gerhard, *Etruskische Spiegel,* pl. 392 (texte p. 40). Inscriptions : *Ectur* et *Ai[f]as.*

7. Gerhard, *Auserlesene Vasenbilder,* t. III, pl. 202. Overbeck, pl. 19, 3 (p. 451).

au moyen de deux cordons qui se rejoignent au milieu de la poitrine ; le baudrier (τελαμών), passant par-dessous ces épaulières, soutient un énorme bouclier ovale ; dans la partie concave de cette arme, on aperçoit une anse (πόρπαξ).

Des raisons paléographiques nous forcent d'assigner à l'œuvre de *Douris* une date antérieure à la guerre du Péloponèse. Le style de la coupe s'accorde parfaitement avec cette donnée. Elle appartient à une époque de transition qui ne se sent plus soumise aux lois de l'école ancienne et qui néanmoins n'est pas encore assez forte, ni assez confiante en elle-même, pour user de toute son indépendance. Ainsi, nous avons pu surprendre bien des particularités qui tiennent de l'ancien style : la manière uniforme de grouper les figures, la violence des mouvements, les exagérations dans les contours du corps féminin, le soin qu'on a pris pour rendre jusqu'aux moindres détails. Mais, à part ces souvenirs d'une époque reculée, il faut aussi reconnaître de grands progrès.

J'insiste notamment sur les études d'anatomie auxquelles le dessinateur a dû se livrer : les veines, les muscles et le modelé des chairs sont indiqués avec une justesse presque scientifique. Les robes des femmes ne semblent avoir été faites si fines et si transparentes que pour mieux laisser deviner la grâce des formes. Placé sur la limite de deux périodes de l'histoire de l'art, *Douris* tient le milieu entre la sévérité de l'une et la beauté accomplie de l'autre. Il ne faut plus qu'un souffle pour que la dernière entrave créée par les vieilles traditions disparaisse.

Terminons ce long chapitre par quelques mots au sujet de la tache rouge que l'on aperçoit entre le bouclier d'Ajax et le casque d'Hector.

Les peintres, après avoir esquissé leur dessin sur l'argile même du vase, prenaient le pinceau pour encadrer de couleur noire le pourtour des figures. Cette opération achevée, il fallait remplir l'espace resté libre autour des cadres ainsi tracés ; mais voilà que, par suite d'un oubli, on a laissé une grosse tache au milieu de cette belle composition. Les céramographes grecs n'étaient rien moins que des artistes dans la force du terme, mais de simples ouvriers. Leurs vases n'ont d'autre prétention que d'être des produits de fabrique, où l'on ne doit pas s'étonner de retrouver certains défauts inséparables des habitudes peu soigneuses d'une manufacture. C'est à ce point de vue qu'il faut les juger.

SCÈNES DE LA VIE CHAMPÊTRE

COUPE DE KAMEIROS

— Pl. XIII, 1. 2 —

N parcourant les sujets des peintures vasculaires, c'est exclusivement sur les coupes de l'ancien style que nous rencontrons des scènes empruntées à l'agriculture. On connaît déjà deux monuments de ce genre : une coupe de Vulci, aujourd'hui au musée de Berlin et portant la signature de Nicosthènes [1]; puis une autre qui, entrée au Louvre avec la collection du marquis Campana [2], fait partie du musée Napoléon III.

Le vase de Nicosthènes représente trois éphèbes nus, couronnés de bandeaux; ils dirigent chacun une charrue attelée d'une couple de bœufs. De la main droite le laboureur a saisi le manche (*stiva*, γειρολαβίς) [3] de l'instrument aratoire, de l'autre il manie l'aiguillon. L'un de ces éphèbes est suivi du semeur, qui porte suspendu au bras gauche un grand panier (φορμός) en osier contenant des grains, tandis que de la main droite il répand la semence dans les sillons qui viennent d'être tracés.

Sur la coupe du Louvre, la charrue est traînée par deux mulets et conduite par un homme nu et barbu; ce dernier tient à la main gauche le *kentron*, de l'autre le manche de la charrue. Les grains de semence sont renfermés dans deux amphores munies de couvercles et chargées sur une voiture qu'une paire de mulets a amenée. Plusieurs ouvriers avec leurs surveillants prennent part aux travaux. Du côté opposé, on aperçoit une seconde charrue attelée de bœufs. Devant elle marche le semeur avec une sacoche (πήρη) au bras. Un mulet libre, un surveillant et quelques valets de ferme, dont l'un bêche la terre, prêtent une certaine animation au tableau. Otto Jahn, mon regretté maître, auquel j'avais cédé le calque de cette curieuse peinture, l'a expliquée avec sa science et sa sagacité accoutumées.

Un troisième vase de cette catégorie est venu depuis à ma connaissance. C'est la coupe que je publie et qui a été trouvée par feu Auguste Salzmann dans la nécropole de Kameiros. Elle se rapproche de la précédente par le style et la dimension des figures; mais les sujets dont elle est ornée sont bien plus variés. Deux bœufs noirs tachetés de rouge traînent péniblement une charrue primitive conduite par un homme nu et barbu qui porte à la main gauche l'aiguillon (ῥάβδος βοήλατις), tandis que de l'autre il retient la *stiva*. Derrière lui on voit le semeur avec son petit sac (θύλακος), jetant dans les sillons une pluie de grains d'orge et rappelant ainsi la fameuse maxime de Corinne : τῇ χειρὶ σπείρειν, ἀλλὰ μὴ ὅλῳ τῷ θυλάκῳ (*il faut semer avec la main et non avec le sac tout entier*) [4]. Ce

---

1. Gerhard, *Coupes et Vases*, pl. 1, 1-3. — Panofka, *Bilder antiken Lebens*, pl. 14, 6. — *Namen der Vasenbildner*, pl. 3, 11. — E. Braun, *Bullettino dell' Inst.*, 1849, p. 84. — O. Jahn, *Leipziger Berichte*, 1867, p. 76 (pl. 1, 1).

2. O Jahn, *l. c.*, p. 78 (pl. 1, 2).

3. Ἄκρον ἐχέτλης χειρὶ λαβών. Hésiode, *OEuvres et Jours*, v. 467.

4. Plutarque, *De gloria Atheniensium*, ch. 4 (p. 425 éd. Didot). — Schmidt, *Pindars Leben*, p. 16.

personnage est dépourvu de tout vêtement; il se conforme au précepte d'Hésiode : γυμνὸν σπείρειν, γυμνὸν δὲ βοωτεῖν [1].

De l'autre côté de la coupe, un homme drapé, qui a pris place sur un siége, assiste, le bras gauche levé, à une danse exécutée par un éphèbe et cinq jeunes filles. Ces dernières ont les cheveux déliés et se tiennent par la main. Le genre de danse auquel elles se livrent est sans doute le même que l'on désignait sous le nom de γέρανος (*la grue*) et qui se trouve sculpté sur un bas-relief de style très-ancien découvert dans l'île de Samothrace [2]. Telle devait être la célèbre *danse d'Ariadne*, qui se voyait à Cnossus en Crète et que l'on attribuait au ciseau de Dédale [3]. L'analogie entre ces différents monuments me paraît d'autant plus évidente que sur le bouclier d'Achille, décrit par Homère, on apercevait non-seulement une danse où des éphèbes et des jeunes filles se tenaient par la main [4], mais une scène de labourage à laquelle présidait un roi [5], absolument comme le personnage qui figure sur le vase de Kameiros. Les imitateurs d'Homère, Pseudo-Hésiode et Quintus de Smyrne, ont reproduit les mêmes groupes sur les boucliers d'Hercule et d'Achille dont ils décrivent les ciselures.

Enfin, à l'extrémité droite du tableau, une femme est debout devant un fourneau allumé [6] et s'occupe à cuire du pain. C'est donc à l'occasion de la moisson que la fête champêtre a lieu.

APHRODITE JOUANT AVEC UN CYGNE

— Pl. XIII, 4 —

 E petit vase [7] représente une femme entièrement nue, car sa draperie ouverte est en train de glisser à terre. Le corps penché en avant, elle étend les bras pour saisir un cygne; mais l'oiseau se dresse sur ses pattes en battant des ailes comme s'il n'aimait pas ces sortes de familiarités. Une paire de bracelets, un collier garni d'un médaillon, des boucles d'oreilles, et dans les cheveux une bandelette blanche ornée de deux bijoux, forment la parure de la jeune femme.

En face d'elle, l'Amour enfant, également nu et couronné de feuillage, a le pied gauche

---

1. *OEuvres et Jours*, v. 391. — Laboureur et semeur sur le bas-relief de Panagia Gorgopiko (*Philologus*, t. XXII, 194—395).

2. Aujourd'hui au Louvre. Conze, *Reise nach den thrakischen Inseln*, p. 62 (pl. 12).

3. Overbeck, *Schriftquellen*, n° 99. 110—115.

4. *Iliade*, l. XVIII, 590—604 (ἀλλήλων ἐπὶ καρπῷ χεῖρας ἔχοντες).

5. *Ibid.*, v. 541—49. 556. Voir A. Thær, *der Schild des Achilleus in seinen Beziehungen zur Landwirthschaft* (*Philologus*, t. XXIX, 590).

6. Les monuments relatifs à la boulangerie antique ont été dis-cutés par O. Jahn, *Leipziger Berichte*, 1861, p. 342. *Darstellungen des Handwerks auf antiken Wandgemaelden* (Leipzig, 1868), p. 276—279.

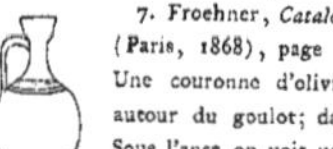 7. Froehner, *Catalogue d'une collection d'antiquités* (Paris, 1868), page 70. Hauteur, 11 centimètres. Une couronne d'olivier, les baies en relief, règne autour du goulot; dans le bas, une ligne d'oves. Sous l'anse on voit une palmette et des rinceaux. — Ce vase fait aujourd'hui partie de la collection de M. Gustave Dreyfus.

posé sur une petite élévation couverte de plantes. Il avance le bras droit vers le groupe, apparemment en lui adressant la parole.

Les Grecs avaient une prédilection marquée pour les oiseaux aquatiques; rien de plus commun dans l'antiquité figurée que des femmes, des enfants ou des Amours jouant tantôt avec des oies, tantôt avec des cygnes et des cigognes. Je proposerais donc de prendre la peinture de notre lécythus pour une scène de la vie familière des dieux, et non pour l'aventure de Léda à laquelle on pourrait être tenté de songer.

Des sujets analogues nous sont connus. Sur un aryballe athénien [1], on voit un cygne entre Aphrodite assise, appuyée sur un bouclier (?), et Éros tenant une patère. Un miroir étrusque [2] nous montre Vénus et Adonis ailé jouant avec une colombe. Un arbuste est planté dans le champ; au-dessous du siége de la déesse on aperçoit son coffre de toilette, plus loin son miroir. Si l'on se rappelle que le cygne avait pour mission de traîner le char de Vénus ou, à l'occasion, de lui servir de monture, on ne sera pas surpris de rencontrer cet oiseau dans la basse-cour de l'Olympe.

RENCONTRE DE L'OIE ET DU COQ

— Pl. XIII, 5 —

UR la frise qui sert de ceinture à une amphore cannelée [3] provenant de *Fasano* (l'antique *Gnatia*), se trouve un sujet assez plaisant : on dirait une illustration d'une fable de La Fontaine.

Gravement, dans un pré fleuri et gazonné, un coq de magnifique allure, la queue en panache, se promène en cherchant quelque vermisseau ou quelque grain de mil. Tout d'un coup il relève la tête et aperçoit devant lui sa bonne commère l'oie au plumage blanc, au bec jaune, à la marche cahotée. *Tiens, c'est l'oie* (αἰ τὸν χῆνα) [4], s'écrie-t-il; et celle-ci répond dans son patois campagnard : *Tiens, c'est le coq* (ὢ τὸν ἐλετρυγόνα) [5].

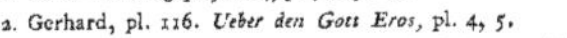

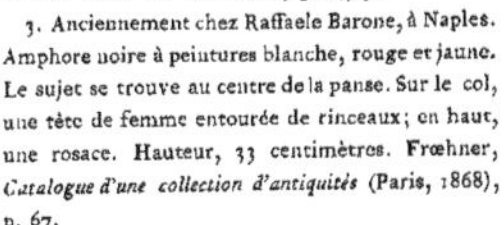

1. *Revue archéologique*, 1864, p. 52 (pl. 1).

2. Gerhard, pl. 116. *Ueber den Gott Eros*, pl. 4, 5.

3. Anciennement chez Raffaele Barone, à Naples. Amphore noire à peintures blanche, rouge et jaune. Le sujet se trouve au centre de la panse. Sur le col, une tête de femme entourée de rinceaux; en haut, une rosace. Hauteur, 33 centimètres. Frœhner, *Catalogue d'une collection d'antiquités* (Paris, 1868), p. 67.

Voir, sur les vases de cette provenance : O. Jahn, *Vasen der Münchener Pinakothek*, Einleitung, p. XXXVI.

4. ΑΙΤΟΝΧΗΝΑ en lettres rétrogrades.

Pour expliquer l'accusatif elliptique, il faut suppléer un verbe tel que ὁρῶ, καλῶ. M. Bursian préfère lire : τὸν ἀλεκτρυόνα [κ]αὶ τὸν χῆνα (χαίρειν κελεύω).

5. ΟΤΟΝΕΑΕΤΡΥΓΟΝΑ. La forme viciée ἐλετρυγόν (pour ἀλεκτρυών) doit appartenir à quelque dialecte de la Grande-Grèce.

Ε pour α au commencement d'un mot : Mullach, *Grammatik der griechischen Vulgarsprache*, p. 94. Schuchardt, *Vokalismus des Vulgærlateins*, t. I, 194. 197. 200—203.

Sur la métathèse : Lobeck, *Pathologia græci sermonis*, I, 489. et suiv.

Bien que notre peinture ait déjà fait l'objet d'une publication, peu exacte du reste, dans le *Bulletin archéologique de Naples*[1], on me saura gré de l'avoir reproduite avec les couleurs de l'original.

POTERIES DE CALES

— Pl. xiv, 4 —

EPUIS quelque temps on rencontre assez fréquemment, dans l'ancienne Campanie et dans les nécropoles étrusques, des patères — ou des fragments de patères — en terre rougeâtre à couverte noire, ornées à l'intérieur de médaillons estampés en relief. Ces objets ont vivement excité la curiosité des antiquaires, parce qu'ils portent quelquefois un nom romain écrit en caractères très-anciens, et qui ne saurait être que celui du modeleur. Voici la liste de ceux qui sont venus à ma connaissance :

a. Fragment de patère trouvé à Cales : Scylla entourée de poissons, d'un crocodile, etc. · K · ATILIO[2].

b. Fragment de patère provenant peut-être de Capoue (Bacchus et Ariadne ?) : Femme nue, parée de bracelets et d'armilles, suspendue au cou d'un éphèbe nu qui tient un scyphus à la main droite abaissée. · IC · ATILIO. Le tout dans un grènetis. Cette terre cuite, encore inédite, fait partie de ma collection[3].

c. Médaillon fragmenté, acheté à Naples : Grenouille entre les serres d'un crabe. · IC · ATILIO[4].

d. Fragment portant le nom de K · ATILIO[5].

e. Fragment avec la légende : N · AT · ////[6].

f. « *Fra i molti frammenti di terre cotte osservati presso il Commend. de Martino, che conservava tutt' i monumenti provenienti di Calvi, ricordo aver visto una* FORMA *per vase a rilievo con figure, ov'era a rilievo scritto il nome di Atilio.* » (Extrait d'une lettre de Domenico di Guidobaldi à M. Ritschl[7].)

g. Patère ombiliquée, trouvée dans la nécropole de Tarquinies (*Corneto*) : Pompe bachique se dirigeant vers un édicule. Autour de l'*omphalos* on lit : Ⅼ · CANOLEIOS · Ⅼ · F · FECIT · CALENOS[8].

h. Coupe, au fond de laquelle on voit, à la place de l'ombilic, un buste drapé de Silène, la tête

---

1. Minervini, *Bullettino arch. italiano*, 1861, p. 2 (pl. 1, 2).

2. *Archæol. Anzeiger*, 1863, p. 79*. 97*. *Ephemeris epigraphica*, t. I, 10 (n° 12ᵃ), où l'on n'a pas tenu compte de la lettre de Guidobaldi publiée par M. Ritschl, *Priscæ latin. epigr. suppl.* III, p. xiv.

3. *Cat. de la vente Piot*, n° 130. M. Piot m'a assuré de vive voix que ce médaillon avait été acheté par lui à la vente Pourtalès ; néanmoins il ne figure pas dans le catalogue de cette collection. Le fait est sans importance ; mais il montre le degré de confiance que méritent les renseignements de ce genre.

4. *Archæol. Anz.*, 1863, p. 13*. 77*. 79*. Michaëlis, *Archæol. Zeitung*, 1863, p. 43 (pl. 173, 3). Ritschl, *Priscæ latinitatis epigr. suppl.* II (p. x, pl. 2, c). III (p. xiv). IV, (p. xvi).

5. Vu à Naples chez Aless. Castellani. Benndorf, *Philologus*, t. 27, 493.

6. *Ibid.* Les fragments *d* et *e* sont restés inconnus aux éditeurs de l'*Ephemeris epigraphica*.

7. Ritschl, *Suppl.* III, p. xiv-xv.

8. Benndorf, *Bull. dell'Instit.*, 1866, p. 241.

ceinte d'une bandelette. Il tient deux flûtes à la main. Autour on lit l'inscription circulaire :
CANOLEIVS · FECIT CALENVS. Bordure de feuilles de lierre et de fleurs. A l'extérieur, trois masques
de Méduse [1]. Trouvée en 1834 à Cervetri, aujourd'hui au cabinet de France.

   i. Médaillon de la collection Oppermann (publié pl. xiv, 4) : Un homme imberbe, armé d'un
glaive et couvert d'une peau de bête et d'un manteau, emporte un trépied. Il a le pied gauche posé
sur un chapiteau et regarde derrière lui, comme s'il était suivi de quelqu'un. Ce sujet représente sans
doute l'enlèvement du trépied de Delphes; sur plusieurs monuments de l'antiquité figurée, on
aperçoit Hercule avec un glaive et un manteau jeté par-dessus la peau de lion [2]. Inscription :
L · GABINIO.

   Selon moi, le même sujet se trouve sur un médaillon de fabrique analogue, publié tout récemment dans la *Revue archéologique* et sur lequel M. François Lenormant a cru reconnaître un guerrier
gaulois dans le temple de Delphes. Ce prétendu guerrier, aux moustaches non moins problématiques,
a le pied gauche posé sur un petit rocher, et nullement sur une tête coupée. De la main gauche, il
saisit le trépied placé sur un autel festonné.

   k. Fond d'une coupe, provenant de Sicile, aujourd'hui au cabinet de France : Scylla lançant un
rocher. L · GABINIO [3].

   l. Patère ombiliquée, trouvée à Cervetri : Ornement ressemblant à *un fiore radiato*. Légende
usée que M. Brunn a lue de la façon suivante : *Gabinius, L. f., fecit.* L'*e* est formé au moyen de deux
hastes verticales [4]. Quant au prénom, il n'est pas possible qu'il ait manqué.

   m. Fragment d'une patère ombiliquée, découverte à Cales : Feuilles superposées en forme
d'éventail. Inscription : C · GABINIO /// /// T · N · CALIINO, en lettres espacées, comme sur certains
deniers de la République romaine [5].

   n. Au fond d'une patère trouvée dans la nécropole de Tarquinies [6], on lit la légende circulaire : RIITVS · GABINIO · C · S · CALIIBVS · IⁱIIC TII. Dans la lettre C du verbe *fec(it)*, il y a peut-être
un *i* inscrit.

   o. Même provenance : rETVS · GABINIVS · C · S · CALEBVS · FECIT [7].

   p. Patère ombiliquée, sortie également des fouilles de Corneto : A l'intérieur, une couronne de
feuillage et, autour de l'*omphalos*, douze rosaces et l'inscription : RETVS · GABINIO · C //// CALEBVS ·
FECIT · E. Les deux dernières lettres ne sont pas certaines [8].

   q. Coupe apode hémisphérique, décorée d'une rosace et d'autres ornements : C · POPIAI [9]. Trouvée
à Vulci entre 1835 et 1837.

   r. Peut-être faudra-t-il joindre à cette liste déjà considérable une tasse sans anse, fixée sur une
soucoupe, recouverte de feuilles en relief et portant l'inscription : LAΓI (*L. Appi?*) [10].

1. *Arch. Intelligenzblatt*, 1834, p. 44. 1835, p. 10. — *Catalogue* Durand, n° 1434. — R.-Rochette, *Lettre à Schorn*, p. 242. — Ritschl, *De fictilibus litteratis*, pl. I, i. *Priscæ latin. monum. epigraph.*, pl. X, I, i, et XXXVI, c. *Suppl.* IV, xvi. — *Arch. Anzeiger*, 1863, p. 73*. — O. Benndorf, *Bull. dell' Inst.*, 1866, p. 243. — *Ephemeris epigr.*, n° 7ᵇ. La coupe a été maladroitement restaurée, mais les lettres sont antiques. Je défie qui que ce soit de me prouver le contraire.

2. O. Jahn, *Arch. Aufsaetze*, p. 84. 88. 89.

3. Caylus, *Recueil*, t. III, 86 (pl. 22, 4). M. Brunn, qui a signalé cette pièce dans le *Bullettino dell' Inst.*, 1865, p. 221, ignorait qu'elle avait été reproduite d'après un dessin plus exact dans le Recueil qu'il dirigeait alors lui-même (*Monumenti dell' Inst.*, t. III, pl. 52, 2. Vinet, *Mythe de Glaucus et de Scylla*, p. 53).

4. *Bull. dell' Inst.*, 1865, p. 221. *Ephemeris epigr.*, n° 10.

5. Mommsen, *Inscript. Neap.*, 6307, 24. *Archæol. Anzeiger*, 1863, p. 71*. 77*. Michaëlis, *Archæol. Zeitung*, 1863, p. 44 (pl. 173, 4, c. d.). Ritschl, *Suppl.* IV, xvi.

6. Henzen, *Bull. dell' Inst.*, 1871, p. 153.

7. *Ibid.*

8. O. Benndorf, *Bull.*, 1866, p. 241.

9. Museum Gregorianum, II, pl. 102, 2 et 2ᵃ. Benndorf, *l. c.*, p. 244.

10. Collection Valeri à Toscanella. Benndorf, *l. c.*, p. 244.

Les poteries campaniennes — *Campana supellex*, dit Horace — jouissaient d'une grande renommée dans l'antiquité. Que la ville de Cales, colonie romaine depuis l'an 420, ait eu sa part de cette faveur du public, constitue pour nous un fait nouveau que nous serions restés longtemps à ignorer sans la découverte des terres cuites dont je viens de faire l'énumération.

Les produits des fabriques de Cales ont leur cachet particulier. A une seule exception près (*r*), ce sont des coupes (*pocula*), décorées de reliefs à l'intérieur, rarement à l'extérieur (*h, r*), et parfois munies d'un *omphalos* (*g, l, m, p*), comme les patères à sacrifice. L'ornementation se réduit tantôt à un simple assemblage de feuilles (*l, m, p, r*; voir *h*), tantôt ce sont des médaillons avec des sujets empruntés à la mythologie grecque. On y voit : Bacchus et Ariadne (*b*), une procession bachique (*g*), Silène (*h*), Hercule (*i*), Scylla (*a, k*); ou bien certains animaux (*c*) et des masques de Méduse (*h*) destinés à servir de talismans contre le mauvais œil. Toutes ces poteries sont en terre rouge et enduites d'un vernis mat, composé à l'aide de la plombagine. Il est facile de les reconnaître entre mille vases analogues, même lorsqu'elles ne portent pas de légendes.

Les spécimens que nous connaissons jusqu'à présent proviennent de différentes localités de la Campanie et de l'Étrurie méridionale. Plusieurs d'entre eux ont été découverts à Cales même (*a, f, m*), un seul à Capoue (*b?*), d'autres ont été achetés ou signalés chez les marchands de Naples (*c, d, e*). Parmi les nécropoles étrusques, c'est celle de Tarquinies qui en a fourni le plus grand nombre (*g, n, o, p*), ensuite Vulci (*q*), Toscanella (*r*) et Cervetri (*h, l*). Quant au médaillon du comte de Caylus (*k*), on dit qu'il vient de Sicile; mais le Père Paciaudi, qui était le fournisseur attitré de l'illustre antiquaire et qui lui envoya presque tous les matériaux pour le troisième volume du *Recueil d'Antiquités,* peut avoir été induit en erreur. J'ai vainement relu d'un bout à l'autre sa correspondance, publiée par Sérieys, pour trouver une indication plus précise et plus vraisemblable.

Les dix-sept morceaux dont j'ai donné la description sont tous pourvus de légendes latines en relief, non pas imprimées après coup, mais faisant partie intégrante de l'ornementation, de sorte qu'elles ont dû se trouver sur le moule dont le potier se servait. Ce fait est, du reste, confirmé par la lettre de Guidobaldi, que j'ai eu soin de citer (*f*). Il en résulte que les inscriptions s'appliquent au modeleur qui a exécuté les formes. Ce sont des noms propres, tantôt au génitif, comme : *L. Appi?* *C. Popili;* tantôt au nominatif : *K*(*aeso*) *Atilio, L. Gabinio.* Quelquefois le nom de l'artiste est suivi de son patronymique : *L. Canoleios, L*(*uci*) *f*(*ilios*), ... *Gabinius, L. f., C. Gabinio... T*(*iti*) *n*(*epos*). Un affranchi, *Retus Gabinio* (ou *Gabinius*), s'appelle encore *C*(*ai*) *s*(*ervos*), ancien esclave de Caius. De plus, trois modeleurs ajoutent à leurs noms individuels celui de leur ville natale (*L. Canoleios Calenos, C. Gabinio Caleno*) ou de l'endroit où ils travaillaient (*Retus Gabinio Calebus fecit*). Les premiers placent l'ethnique à la fin de la légende, comme les sculpteurs grecs, après le nom du père ou du grand-père. Quant au verbe *fecit* (ἐποίησε), il ne se trouve employé que quatre fois (*l, n, o, p*) [1].

On voit que ces monuments appartiennent à une époque de transition où les désinences de ce que nous appelons la seconde déclinaison latine n'étaient pas encore définitivement fixées. Au ve siècle de Rome, on écrivait *filios, primos,* ou bien sans *s : Fourio, Roscio* [2]*;* la terminaison *-us* n'appa-

---

1. Dans les mots *fec te* (n) et *feci*[*t e?*] (p) il y a probablement une erreur du fait de l'artiste. Je ne pense pas que cela puisse signifier autre chose que *fecit*.

2. Comparez l'inscription : *C. Ovio Ouf*(*entina*) *fecit.* Ritschl, *Priscæ lat. mon.*, pl. I, c. La monnaie de cuivre avec la légende *C. Alio Bala,* publiée par Riccio et depuis par Cohen, *Médailles consulaires,* pl. 46, 1 (Mommsen, *Hist. de la monnaie romaine,* t. III, pl. 39, 6 de la trad. du duc de Blacas), est, à mon avis, fausse.

raît que vers l'an 520. Sur les poteries de Cales on rencontre ces trois formes. Le même individu signe : *Canoleios Calenos* et *Canoleius Calenus ;* un autre, *Retus Gabinio* et *Retus Gabinius.* Quant à l'ablatif de la troisième déclinaison, les documents officiels de Rome orthographiaient en 494 : *navebos,* et après l'an 500 : *tempestatebus,* comme nos artistes de Cales écrivent : *Calebus.* L'*i* clair avant le suffixe (*navibus, Calibus*) ne prévalut guère qu'au vi^e siècle, mais l'idiome rustique conservait toujours l'*e.* On aurait tort d'appliquer au patois campanien les règles grammaticales que l'on peut déduire avec certitude des textes épigraphiques de Rome; malgré cela, nous ne nous tromperons pas de beaucoup en assignant à ces petites légendes, comme limite extrême, la première moitié du vi^e siècle de la République. Je puis passer sous silence l'opinion de M. de Witte, qui dans ses *Études sur les vases peints* (p. 102) s'est demandé jusqu'à quelle époque descendait la fabrication des vases noirs à reliefs. Deux plats ayant fait partie de la collection Campana et vendus, à l'insu des commissaires français, au musée de Bruxelles, sont ornés de médaillons représentant Romulus et Rémus allaités par la louve [1]. « La présence de ce sujet tout à fait romain, dit M. de Witte, permet de constater que l'on a continué à fabriquer ces vases jusqu'aux derniers siècles avant l'ère chrétienne. » Bien que cette chronologie ne pèche pas par un excès de précision, on croirait vraiment, en lisant de pareilles choses, qu'à dater de l'an 1 la louve avec ses jumeaux eût disparu des œuvres d'art.

L'alphabet dont les artistes de Cales ont fait usage est non moins fantastique que leur orthographe. Retus Gabinius écrit dans deux légendes E, dans la troisième II; une fois I', deux fois F; une fois A, tandis que deux fois il conserve la forme ancienne A. C. Gabinius emploie A et A dans la même inscription. Les autres lettres archaïques sont IC [2] et L [3]. On remarquera la double ponctuation avant et après le prénom Kaeso (*a b c*), qui n'est pas non plus sans précédent.

Il n'est encore venu à l'idée de personne de comparer les sujets des poteries de Cales avec ceux des monnaies romaines, avec lesquelles cependant elles ont bien des analogies. Pour ne citer que des exemples décisifs, le crabe tenant une grenouille entre les serres ressemble de près à celui du denier d'or de M. Durmius, qui tient un papillon. De même, les fleurs représentées sur nos médaillons sont dessinées comme celle des deniers d'or et d'argent de L. Aquillius Florus, au nom duquel elle fait allusion. Scylla figure sur les médailles de Sextus Pompée.

---

1. Un troisième se trouve au musée de l'Ermitage. Stephani, *Catalogue,* n° 866.

2. Entre I et C il n'existe pas de trait d'union. Mon exemplaire (*b*) ne laisse pas de doute à ce sujet.

3. L ne se trouve que sur le médaillon *m* La forme grecque A (*q*) est tout à fait insolite.

MÉDAILLONS EN TERRE CUITE

DU MIDI DE LA FRANCE

— Pl. XIV, 1-3. XV. XVI —

ES médaillons romains en terre cuite méritaient depuis longtemps une étude spéciale. Si minime que puisse être leur valeur sous le rapport de l'art, ils ont un mérite qui manque absolument aux poteries grecques de même nature et qu'il serait injuste de ne pas reconnaître. C'est l'emploi des légendes explicatives. A une époque où l'art était déjà, jusqu'à un certain point, lettre morte, et où l'érudition devenait le goût dominant, un pareil usage n'a rien que de naturel. De plus, les fabricants de vases, établis en province, s'adressaient à un public peu initié aux traditions mythologiques de la Grèce; pour faire comprendre les sujets dont ils ornaient leurs produits, ils se servaient du même moyen que les sculpteurs primitifs, que les potiers grecs avaient employé autrefois, celui d'ajouter un nom à chaque figure. L'art à son déclin se rapprochait ainsi, sans le savoir, de l'art naissant.

J'ai réuni une petite collection de médaillons de ce genre, trouvés dans les Gaules. Ils nous permettent d'étudier la céramique romaine sous un aspect aussi neuf que curieux.

L'abbé Marini, dans son travail manuscrit sur les estampilles des briquetiers (n° 222), donne la description d'un fragment de vase qu'il avait vu à Rome chez le Père J. di Costanza, abbé de Saint-Paul-hors-des-Murs. Le relief, de forme circulaire, représentait « un cirque ou un amphithéâtre, garni de spectateurs, peut-être de juges, et au milieu la figure colossale d'Apollon, jouant de la lyre, avec l'inscription NICA APOLLO. Au-dessous se trouvait un portique et une seconde légende : CERA APOLLINIS. » Le grand épigraphiste n'essaya pas d'interpréter le mot *cera*, ni surtout de le corriger, car il était certain de l'exactitude de sa lecture. Mais M. Preller, qui publia ce passage du Recueil de Marini[1], eut hâte de proposer une leçon différente : CRIPTA APOLLINIS, en songeant aux concours de cithare qui avaient eu lieu à l'Odéon de Rome.

De son côté, M. Welcker découvrit, parmi les papiers de Zoëga, une note très-explicite relative au même médaillon, que l'antiquaire danois avait vu entre les mains du Père procureur général de Saint-Calliste[2]. Il supposa d'abord que *cera* pourrait être l'abréviation de κέραμος (*vase de terre*); ensuite il lui parut plus prudent de ne rien suppléer et de lire tout simplement γέρα, ce qui signifierait un présent honorifique offert à Apollon. Otto Jahn[3], plus hardi cette fois, voulut corriger CERTA(men). Aucune de ces hypothèses, je n'ai pas besoin de le dire, ne satisfait aux plus modestes exigences de la critique.

---

1. *Regionen der Stadt Rom*, p. 156-157.
2. Il s'agit probablement du même personnage, le P. di Costanza.

Bonner Kunstmuseum, p. 113 (note 151). *Alte Denkmæler*, t. II, p. 58.
3. *Archæol. Beitræge*, p. 209-210.

Cependant on ne doit pas se dissimuler que le hasard a eu la plus large part à l'insuccès de ces savants illustres. Si, au lieu d'un Apollon, le relief avait représenté n'importe quel autre sujet, on ne se serait pas obstiné à en chercher l'explication dans l'inscription *cera Apollinis,* et Marini déjà aurait tranché la difficulté avec la sûreté de coup d'œil dont il avait l'habitude de faire preuve. Il fallait que des matériaux plus complets, plus variés, vinssent nous mettre sur la voie d'une solution définitive.

Vers 1866, un grand nombre de débris de vases à reliefs furent trouvés à Orange. Le plus beau de tous porte la légende CERA FELICIS. L'année suivante, plusieurs autres médaillons de la même facture sortirent des fouilles de la rue de la Gare, à Vienne en Dauphiné. Sur l'un d'eux on lit distinctement [c]ERA[1] FELICIS; sur un autre, [ap]OLLINARIS CERA; sur un troisième, le mot CERA, à l'exergue, est suivi d'une flûte de Pan. Un fragment semblable, trouvé dès l'année 1855 et conservé, si je ne me trompe, au musée de Vienne, a pour toute inscription CERA, le nom propre ayant disparu avec une partie du sujet. Enfin, le grand vase représentant d'un côté Apollon et Marsyas, de l'autre Hercule et Bacchus (notre pl. III), porte la légende non équivoque APOLLINAR(is) CERA.

De la comparaison de ces textes découle un fait indiscutable : c'est que *Felix* et *Apollinaris* sont les noms des artistes qui avaient exécuté les modèles en cire (*cera*) des médaillons, et par conséquent l'*Apollon* du fragment de Rome n'est point le dieu représenté sur ce fragment, mais bien le nom d'un modeleur en cire. Très-souvent, on le sait, les surnoms romains étaient empruntés à des divinités, et on n'aura qu'à consulter le premier recueil d'inscriptions venu pour en trouver une multitude d'exemples[2].

De bonne heure, les sculpteurs grecs apprirent à tirer parti des qualités plastiques de la cire. La facilité avec laquelle cette matière souple reçoit les formes qu'on veut lui imprimer (εὔπλαστος), la dureté qu'elle acquiert et qui en garantit la conservation, la rendent on ne peut plus utile aux artistes. Du reste, les auteurs anciens et les trouvailles nous avaient déjà mis au courant de l'usage multiple qu'on faisait de la cire. On en formait non-seulement des maquettes, mais des figurines, des têtes de grandeur naturelle, des masques, des fleurs et des fruits artificiels. Le compte rendu des dépenses faites pour la construction de l'Érechthée[3] mentionne des *céroplastes* qui avaient exécuté en cire les modèles des fleurs de bronze destinées aux caissons de l'édifice. Verrès se faisait accompagner dans ses voyages par un Phrygien dont c'était la spécialité[4] de travailler la cire. Encore au ive siècle, l'empereur Valentinien, un des grands protecteurs de l'art, jouissait de la réputation d'un habile modeleur de figurines en cire[5]. Mais que les décorateurs de vases aient adopté ce procédé pour sculpter leurs bas-reliefs, et que leur œuvre ait paru assez importante pour qu'ils se soient crus autorisés à la revêtir d'une signature, c'est là un fait nouveau et que les médaillons de Vienne et d'Orange nous ont révélé les premiers.

Les termes techniques usités chez les Grecs sont : κηρὸν πλάττειν (κηροπλαστεῖν), μαλάττειν, ὀργάζειν, χεῖν (κηρόχυτεῖν); la figure de cire s'appelle : πλάσμα (ἐκμαγεῖον), κήρινον, κηρόχυτον, ou bien : τὸ κηρόπλαστον;

---

1. La barre supérieure de l'E est visible, le reste est brisé.

2. Ἀπόλλων Φίλωνος. Inscription d'Athènes (*Corpus,* 189). *P. Popilius Apollo.* Gruter, p. 1125, 2. *C. Vergilius Apollo.* Bull. dell' Inst., 1860, p. 92. D'autres sont mentionnés dans l'*Onomasticon* de V. de Vit, t. I, p. 376. Voir K. Keil, *Specimen onomatologi græci,* p. 22.

3. Rangabé, *Antiquités helléniques,* t. I, p. 50.

4. Cicero, *Verr.,* IV, 13, 30 : *fingere e cera solitus est.*

5. Raoul-Rochette, *Lettre à M. Schorn,* p. 421.

l'artiste est le κηροπλάστης, κηροτέχνης; son art est la κηροπλαστική. Les Romains disaient : *ceram fingere, formare, figurare, ducere, mollire*. Cette richesse d'expressions est frappante; à défaut d'autres témoignages, rien ne me paraît plus propre à constater l'importance de la chose.

A l'exception d'un seul, tous les médaillons que je publie ou dont je dois me borner à donner ici la description sont enduits d'un vernis rouge clair, très-luisant et tirant sur le jaune. Cette particularité les distingue des poteries d'Arezzo et surtout des vases ordinaires, dont la couleur est plus franche et plus foncée. Faut-il en induire que leur fabrication a été limitée à une seule localité, peut-être à un seul atelier qui n'aurait fonctionné que pendant un certain nombre d'années? Une pareille supposition serait au moins vraisemblable, eu égard à l'extrême rareté des terres cuites de ce genre.

I. — (Pl. xiv, 3.) — Je commence par la pièce qui nous a servi de point de départ. Malheureusement, la gravure que je mets sous les yeux du lecteur[1] laisse à désirer; elle n'a pas de style et ne s'accorde pas, dans certains détails, avec la notice de Zoëga. Au milieu, on voit Apollon debout et de face, vêtu de la tunique talaire et du manteau des citharèdes, la tête un peu inclinée, le front ceint d'une bandelette. Il joue de la lyre tétrachorde, ou plutôt il chante en s'accompagnant de son instrument. On distingue le plectrum qu'il tient à la main droite. Zoëga, qui compare cette figure à la statue bien connue du Vatican[2], dit que le dieu avait la tête levée vers le ciel, mouvement qui conviendrait à un poëte inspiré; que le diadème ressemblait à une couronne de laurier, et que la lyre était garnie de sept cordes. Quatre auditeurs de taille moindre, vêtus de tuniques courtes, sont groupés autour d'Apollon et paraissent très-satisfaits du concert. L'un d'eux fait un geste d'admiration, les autres écoutent avec une attention religieuse. Le reste du public, disposé en cercle, le long du mur, est plus expansif encore. On agite les bras en criant : NICA APOLLO; et trois spectateurs semblent émus au point qu'ils ne peuvent rester tranquilles sur leurs siéges; ils se sont levés pour mieux voir et mieux applaudir. L'artiste ayant voulu produire un effet de perspective, ces derniers sont de proportions très-petites[3]; la figure qui se tient près de la porte pourrait être une femme.

Quant à l'inscription, le mot *nica* est évidemment l'impératif grec (νίκα) : *sois vainqueur!* Nous en trouvons la preuve dans les légendes des contorniates où rien n'est plus fréquent que des noms propres au vocatif, suivis ou précédés[4] d'un verbe tel que νίκα (*nika, nica*), *vincas, placeas*, avec cette seule différence que les personnes ainsi acclamées sont des auriges, des bestiaires, des joueurs d'orgue, etc. Les concours de gymnastique et de musique avaient été empruntés à la Grèce; on,

---

1. Elle est empruntée à une brochure excessivement rare et que j'ai eu la bonne fortune de me procurer à une vente de Londres. En voici le titre : *Di un antico testo a penna della Divina Commedia di Dante, Lettera di Eustazio Dicearcheo* (le Père di Costanza) *ad Angelio Sidicino*. Roma, 1801 (in 4°). Notre médaille sert de vignette au titre avec la légende : *Ex figulina hujus moduli* ap. I. D. C. Il a été reproduit par Seroux d'Agincourt, *Recueil de fragments de sculpture antique en terre cuite* (Paris, 1814), frontispice et p. 10. Welcker, *Alte Denkmæler*, t. II, pl. 3, 4.

2. *Museo Pio-Clementino*, t. I, 15.

3. Zoëga n'avait vu que deux figures assises de chaque côté.

4. Sabatier, *Description générale des médaillons contorniates* (Paris, 1860) : Θεώφιλα νίκα (pl. 8, 6), *Asturi nika* (pl. 4, 13), *Olympi nika* (pl. 5, 2), *Pannoni nika* (pl. 5, 7), *Eutime nika* (pl. 5, 12), *Eliane nica* (pl. 6, 1), *Urani nica* (pl. 8, 7), *Laurenti nica* (pl. 10, 8), *Johannes nicas* (pl. 8, 5), *Urse vincas* (pl. 6, 10), *Petroni placeas* (pl. 10, 4). Une seule fois, comme sur notre médaillon, *placeas Petri* (pl. 10, 6).

Sur une lampe du Musée de Munich se trouve *C. Annius Lacerta nica*. Bull. romano, 1861, p. 69. 82.

D'autres exemples ont été recueillis par O. Jahn, *Archæol. Beitræge*, p. 210.

conçoit donc que les Romains lettrés aient adopté en même temps le vocabulaire grec pour les détails des représentations. Le public, lettré ou non, de nos théâtres modernes ne se sert-il pas d'un mot italien, *bravo*, pour témoigner sa satisfaction aux acteurs? Je n'aurai pas de peine à réfuter une objection de M. Welcker qui prétendait[1] qu'Apollon, toujours victorieux, pouvait se passer d'une pareille marque de contentement de la part de l'auditoire, et que [la légende (νικᾷ *Apollo*) devait plutôt signifier : *Apollon est victorieux*. Le modeleur du relief ne se préoccupait guère des usages mythologiques ou héroïques; il connaissait les usages de son temps, et sous sa spatule tous les dieux devenaient des contemporains de Septime-Sévère ou de Caracalla. C'est pour le même motif que l'artiste du vase Sallier (pl. iii) transformait le concours d'Apollon et Marsyas en un procès criminel jugé par un tribunal romain.

Il ne nous reste plus à examiner que la salle de spectacle dans laquelle la scène se passe. Au second plan se dresse un mur, assez élevé, trop élevé pour être la *spina* d'un cirque, et surmonté de deux vases[2]. Une petite porte est pratiquée à côté. Les vases ont la forme de celui de Pergame, au Musée du Louvre, de ceux enfin que l'on rencontre tant de fois sur les monnaies grecques relatives aux jeux publics, et dans lesquels on mettait les palmes destinées aux vainqueurs. Mais la place qu'ils occupent sur notre bas-relief me fait douter de l'admissibilité de cette explication. Apollon, cela va sans dire, joue sur la scène soit d'un théâtre, soit de l'un des odéons de Rome. L'auditoire occupe l'hémicycle; mais, par suite de la maladresse de l'artiste et de son ignorance absolue des lois de la perspective, cet hémicycle, au lieu d'être en face de la scène, se trouve derrière elle; de là une certaine confusion dans les plans et dans l'ordonnance des figures. Quant à cette espèce de frise décorée d'oves[3] qui règne au-dessous de la scène, j'y reconnais une rangée d'arcades par lesquelles le public entrait pour gagner les escaliers. Le même détail se voit sur un grand bronze de la ville d'Héraclée de Bithynie, frappé sous l'empereur Gordien Pie et représentant un théâtre avec tous ses détails[4]. Un contorniate[5] de Valentinien III, où le graveur s'est ingénié à reproduire les arcades de l'amphithéâtre de Constantinople, peut également nous servir de point de comparaison. Or ces rapprochements ont leur importance; car nous aurons à constater plus d'une fois, dans le cours de cette dissertation, qu'il existe un lien de parenté entre les monnaies de grand module, surtout les contorniates, et les médaillons en terre cuite trouvés dans le midi de la France.

La légende de l'exergue, telle qu'on la lit sur la gravure du Père di Costanza, est fautive. Marini aussi bien que Zoëga avaient vu une *s* à la fin (*Apollinis*, et non *Apollini*), mais les erreurs de cette nature sont faciles, attendu que les lettres, mal poussées dans le moule, n'ont souvent laissé que de faibles traces. Je passerai donc à une question plus sérieuse. L'artiste, qui s'appelait Apollon, a-t-il voulu faire un jeu de mots, une espèce de rébus, en choisissant pour sujet une victoire du dieu Apollon? On a tant abusé de la recherche systématique de ces allusions cachées, qu'il faut un certain courage pour défendre aujourd'hui ne fût-ce qu'un fait isolé de ce genre. Néanmoins, je n'hésite pas à déclarer que l'intention du modeleur de notre bas-relief est évidente; il l'a fait ressortir lui-même au moyen de deux inscriptions, et tout à l'heure nous montrerons un autre exemple de cette façon ingénieuse d'attirer l'œil de l'acheteur d'un vase sur la marque de

---

1. *Alte Denkmæler*, t. 2, 59.
2. C'est Zoëga qui les a reconnus le premier. M. Welcker n'a pu les trouver.
3. Zoëga l'appelle *cimasa fregiata*.
4. Wieseler, *Theatergebæude*, pl. 3, 17.
5. Sabatier, pl. 8, 9.

fabrique. Là encore, les monnaies de la République, avec leurs armes parlantes, pourraient avoir donné naissance à une coutume que les simples potiers et les briquetiers romains ont également suivie, si toutefois ce ne sont pas les monétaires qui ont imité l'exemple des céramistes.

Quoi qu'il en soit, la figure d'Apollon, avec son costume de joueur de lyre et dans son attitude traditionnelle, n'a pas été inventée par l'artiste; c'est la copie d'une des statues les plus célèbres de Rome, soit de l'Apollon du Palatin, soit de celui du portique d'Octavie ou de l'Apollon surnommé *Sandaliarius*. Ceci vient à l'appui de l'opinion de Marini [1], d'après laquelle notre médaillon se rapporterait aux jeux apollinaires. En effet, ces jeux se terminaient par des représentations théâtrales, et rien n'est plus conforme aux croyances de l'antiquité que l'épiphanie d'un dieu qui vient assister en personne aux fêtes instituées en son honneur. Il se pourrait, du reste, qu'un des citharistes du IIe siècle portât le nom d'Apollon, la plupart des musiciens célèbres de l'époque impériale venaient de Grèce [2].

II. — Un fragment, d'exécution grossière, trouvé à Vienne, sur le bord du Rhône [3], nous montre trois déesses posées de face. La première, en partant de gauche, est *Diane,* vêtue d'une tunique courte et armée d'un carquois qu'elle porte suspendu à son épaule droite. Elle a le bras gauche levé, probablement avec l'arc ou un flambeau, l'autre appuyé sur la hanche. Un bouc, dont on ne voit que la protome, est assis derrière elle. La figure du milieu, drapée dans une tunique talaire et un manteau, tient un masque tragique à la main. Ce ne saurait être que *Melpomène.* Malheureusement sa tête ainsi que celle de Diane ont été brisées. Enfin, la troisième déesse, à la chevelure luxuriante, le haut du corps nu, le pan du manteau replié autour du bras gauche, le regard tourné vers ses voisines, doit être *Vénus.*

Cette réunion étrange de divinités qui n'ont pas généralement de rapports entre elles, et la présence du bouc, attribut de Mercure, ne sont pas faciles à expliquer. Melpomène paraissant être la figure principale du groupe, on est tenté de supposer qu'il s'agit de quelque conférence relative au théâtre. Les salles de spectacle étaient en effet placées sous la protection de Vénus, et le bouc serait dans ce cas le symbole de la comédie bachique. Mais on ne comprend toujours pas le rôle dévolu à Diane, à moins qu'elle n'ait été appelée en sa qualité de déesse topique. Je réserve donc mon jugement jusqu'à ce qu'un exemplaire mieux conservé de cette curieuse composition nous mette à même d'en apprécier la portée. En attendant, je renvoie à un bas-relief du Louvre [4], sur lequel est sculptée une triade de divinités locales avec des attributs qui ne sont pas non plus de leur ressort et que j'ai signalés le premier.

III. — (Pl. xvi, 1.) — Buste de Mercure. Le dieu du commerce est coiffé du pétase et vêtu d'une chlamyde qui laisse l'épaule droite à découvert. D'une main il tient le caducée ailé, de l'autre, levée, une bourse dont on distingue non-seulement les glands, mais le cordon qui sert à la fermer. Ce détail n'est pas commun. Dans le champ, on voit une rosace. Une couronne de laurier, avec une pierre précieuse au milieu, encadre le médaillon. Deux exemplaires de ce relief, se complétant l'un

---

1. Adoptée par Preller, *Rœm. Mythologie,* p. 276.
2. Friedlænder, *Rœmische Sittengeschichte,* t. III, 255. 260.

3. Il appartient au Musée de la ville de Vienne.
4. Ma *Notice,* p. 57

l'autre, ont été découverts à Orange. Un troisième, provenant des fouilles de la rue de la Gare, à Vienne, porte l'inscription fruste que voici : [Mercu]RIVS. FELIX N..... (*nundinator?*). L'épithète de *felix* est très-bien choisie pour un dieu qui augmente la prospérité publique en protégeant les transactions commerciales. On sait que sur les monnaies de Postume le nom de Mercure est suivi du même qualificatif.

IV. — (Pl. xv, 3.) — Le médaillon de Mars et Ilia, trouvé à Orange, figure déjà sur le vase de Lyon (n° xix), publié par Caylus, et plusieurs auteurs l'ont reproduit depuis[1]. Si je l'ai fait dessiner de nouveau, c'est que les gravures que l'on en possède sont insuffisantes et ne nous donnent qu'une idée vague du sujet en effaçant tous les détails qui peuvent intéresser. La vestale, assise sur un tertre, à l'ombre d'un arbre contre lequel elle appuie la tête, est endormie, *victa sopore doloso*, comme dit le poëte[2]. Son manteau ne recouvre que la partie inférieure du corps et va se repliant sur l'épaule gauche. De la main droite levée, la vierge fait un mouvement involontaire comme si elle était oppressée par un rêve. L'artiste a donc suivi la version des annales d'Ennius[3], où Rea Silvia elle-même raconte l'aventure en parlant d'un cauchemar qu'elle aurait eu pendant son sommeil. L'arbre remplace le bois sacré de Mars dans lequel, sur la foi d'une ancienne tradition, la rencontre avait eu lieu.

En face de la jeune fille se trouve le dieu de la guerre, nu, barbu, coiffé d'un casque à cimier, armé d'un bouclier et d'une haste. Il arrive du haut de l'Olympe; sa chlamyde, disposée en écharpe, flotte au gré du vent, et ses pieds n'ont pas encore touché la terre. C'est ce que Juvénal[4] dit en termes si éloquents, malgré la concision de son langage :

> .... Nudam effigiem clipeo venientis et hasta
> Pendentisque dei.

Deux inscriptions, MARS et ILIA, sont tracées dans le champ. Une couronne de laurier entoure le médaillon.

Il ne sera pas hors de propos de signaler la forme tout à fait insolite du bouclier de Mars. Cette arme, évidemment tressée de branches d'osier, ressemble à une moitié de panier ou de ruche, et je ne crois pas m'abuser en prétendant que c'était là la forme la plus ancienne du *clipeus* romain. Virgile, du moins, mentionne des boucliers faits de branches entrelacées[5].

Un exemplaire du même médaillon a été trouvé à Vienne et figurera dans l'ouvrage épigraphique de M. Allmer.

V. — (Pl. xiv, 1.) — Le relief portant la signature de *Felix*[6] nous fournit une nouvelle variante d'un sujet très-populaire à Rome et que les artistes, sculpteurs, peintres, graveurs, ont traité à l'envi. Debout sur un petit rocher, *Venus victrix* appuie la main droite sur une lance; son bras gauche, armé

---

1. Millin, *Galerie mythol.*, pl. 178, 653. Guigniaut, *Nouvelle galerie myth.*, pl. 254, 872 (et non 871). Boissieu, *Inscriptions de Lyon*, p. 464. Voir Urlichs, *Bonner Jahrbuecher*, t. I, 48. Wieseler, *Ara Casali*, p. 61-62. Le même sujet figure sur les monnaies d'Antonin le Pieux.

2. Stace, *Silves*, I, 2, 242. Ovide, *Fastes*, III, 18-20.

3. Cicéron, *de Divinat.*, I, 20, 40. 41.

4. Sat. XI, 106.

5. *Énéide*, VIII, 625 : *Clipei non enarrabile textum.*—Végèce, l. I, 11 : *Scuta de vimine in modum cratium conrotundata texebant.*

6. Ce fragment, trouvé à Orange, fait partie de la collection Oppermann.

d'un parazonium, repose sur un support en torsade qu'elle a recouvert de son manteau plié. Elle a la tête ceinte d'un diadème. Devant la déesse se trouvent les autres pièces d'armure dont Mars a été dépouillé. On y voit une cuirasse, imitant la forme de la poitrine humaine, une paire de cnémides, un casque corinthien avec ses mentonnières et un bouclier de bronze que trois Amours s'efforcent de soulever. Parmi les figures, travaillées au repoussé, qui décorent ce bouclier, on distingue deux danseuses drapées qui lèvent les bras comme si elles battaient le tambourin. Enfin, dans le haut, est suspendue une giberne à deux compartiments, ressemblant un peu à celles que portent les légionnaires de la colonne Trajane [1], et dans laquelle on aperçoit quelques objets, peut-être des gourdes.

L'exécution du médaillon n'en fait pas un chef-d'œuvre; et, si le modeleur l'a signé en toutes lettres, il y aura été décidé, non par une considération artistique, mais par un préjugé assez singulier. Rien en effet n'est plus commun sur les poteries grecques et romaines que des symboles ou des formules contre le mauvais œil, et pour un motif semblable on aimait à y inscrire des mots de bon augure. Or le nom de *Felix* comptait parmi ces *nomina ominosa* qu'on était enchanté de rencontrer partout. Nous avons déjà vu (n° III) le même mot appliqué à Mercure, et nous en trouverons d'autres qui viendront confirmer mon assertion.

VI. — Fragment découvert à Vienne en Dauphiné. Il n'en reste que la partie inférieure d'une Vénus et la jambe d'un Amour qui était placé à la droite de la déesse. A sa gauche on voit une colombe, et dans le bas une coquille qui a dû servir de vase à onguent. Une couronne règne autour.

VII. — Amour à côté d'une déesse assise. Inscription .CERA.....; le nom de l'artiste est brisé. Je n'ai pu prendre de note plus exacte sur ce fragment qui a été trouvé, en 1855, à Vienne.

VIII. — (Pl. xvi, 4.) — Réunion bachique. Le dieu de la vigne, chaussé d'endromides et couronné de lierre, tient de la main gauche un dithyrse à tige ondulée, de l'autre un canthare. Ses mamelles sont fortement accusées. Il a la tête tournée vers Ariadne qui, debout à sa droite, s'appuie également sur un thyrse. Elle est drapée et couronnée de lierre comme son époux. Derrière ce groupe, qui ne manque pas d'une certaine noblesse, on aperçoit deux figures plus petites et d'une vivacité de mouvement qui contraste avec la dignité de pose des personnages principaux de la scène. D'un côté, c'est un jeune satyre revêtu d'une nébride; du côté opposé, un satyre plus âgé qui porte son manteau en écharpe. Ils ont l'air de s'amuser aux dépens de leurs maîtres; mais parmi le komos bachique il règne toujours une animation extrême [2]. La panthère, assise aux pieds du dieu, lève la tête vers lui. A l'exergue on distingue une syrinx et une plante. — Fouilles d'Orange.

IX. — Un fragment avec l'inscription [c]ERA FELICIS, provenant de la rue de la Gare, à Vienne, représente un petit groupe : une femme drapée qui, assise sur un dauphin et la tête tournée vers la droite, tient de la main droite levée l'écharpe qui lui sert de voile. Mais cette figure, Thétis

---

1. Voir ma *Colonne Trajane*, pl. 58.
2. Comparez l'attitude du satyre qui porte une grappe de raisin, sur une fresque du Musée de Naples (Museo Borb., XI, 22. Müller-Wieseler, *Denkmæler*, II, pl. 33, 373. Helbig, *Wandgemælde*, n° 397).

ou quelque autre Néréide, n'était que l'accessoire d'une grande composition, car au-dessous d'elle subsistent les têtes de deux chevaux ou de deux hippocampes bridés (à droite) qui, selon toute probabilité, traînaient le char d'une divinité marine. Un morceau de la panse du vase adhère encore au médaillon.

X. — (Pl. xv, 2.) — Le Génie d'une ville, jeune, mais de formes puissantes, est debout sur un rocher. Coiffé d'une couronne murale, avec tours et portail, le bras droit appuyé sur un sceptre, il porte au bras gauche une corne d'abondance enrichie d'ornements. Son manteau en écharpe est jeté sur l'épaule, et un glaive est suspendu à son flanc gauche au moyen d'un baudrier double qui passe obliquement sur la poitrine. Un corbeau qui a la tête retournée en arrière est perché sur un petit rocher aux pieds du dieu.

Un Génie armé n'est pas sans exemple. Ainsi le type du revers des monnaies osques, frappées pendant la Guerre Sociale[1], nous montre le Génie de la confédération, tantôt cuirassé, tantôt nu, avec une haste, une épée et une peau de lion. A ses pieds on voit une protome de taureau, emblème de l'Italie, ce que confirme la légende *Veitelio*. Un pareil précédent nous autorise à regarder le corbeau de notre médaillon comme le symbole de la cité représentée par le Génie. Il s'agit donc de trouver une ville romaine, située dans les Gaules, puisque notre relief est de fabrique provinciale, et dont le nom eût quelque rapport étymologique avec le corbeau. Une telle localité n'est pas difficile à découvrir. On a reconnu avant moi que la colonie de Lyon remplissait les deux conditions demandées. Effectivement, Pseudo-Plutarque raconte qu'au moment où l'on creusait le sol de la colline de Fourvière pour y jeter les fondements d'une nouvelle ville, une troupe de corbeaux aurait paru et se serait juchée sur les arbres à l'entour. Alors le prince, qui voulait s'établir là, et qui possédait l'art d'observer le vol des oiseaux, aurait appelé la ville *Lugudunum*, parce que le mot gaulois *lugos* signifiait « corbeau » et *dunum* une « place fortifiée[2] ». Un groupe analogue au nôtre figure sur les médailles de l'empereur Albin[3], frappées à Lyon, avec la légende explicative GEN (*ius*) LVG-(*duni*), COS. II. La terre cuite d'Orange a donc une très-grande valeur pour notre histoire nationale.

En face du Génie, on voit un personnage romain en toge, nu-tête et chaussé de souliers. C'est un homme âgé, car son front est dégarni de cheveux; de la main droite il tient une modeste offrande, deux épis plantés dans un petit vase; de l'autre un objet dont je suis embarrassé pour déterminer la nature, mais qui ne saurait être un rouleau; je le prendrais plus volontiers pour un petit bâton, s'il ne se rétrécissait pas légèrement vers l'une de ses extrémités. Les proportions de cette figure sont à peu près pareilles à celles du Génie, néanmoins il y a une différence, les formes de ce dernier étant plus grandioses, plus massives pour ainsi dire.

Des épis, consacrés à une divinité tutélaire qui a pour attribut indispensable une corne d'abondance, n'ont rien qui doivent nous étonner. Ils étaient peut-être en or, un χρυσοῦν θέρος. Aussi la cité de Lyon portait-elle le surnom de *Colonia Copia*. Mais ce qui me paraît plus remarquable

---

1. Friedlænder, *Oskische Münzen*, pl. 9, 1-5. Mommsen, *Rœmisches Muenzwesen*, p. 587. 589. 590.

2. *De fluviis*, 6, 4 (d'après les Κτίσης de Clitophon de Rhodes). *Fragm. hist. græc.*, t. IV, 367. Zeuss, *Grammatica celtica*, t. I, p. 64 (note). — Le corbeau était, chez les Gaulois, l'oiseau prophétique par excellence (Strabon, p. 165, éd. Didot).

3. *Histoire de l'Acad. des Inscriptions*, t. I, 215. Cohen, t. III, 224 (pl. 6, 22).

encore, c'est que le Romain, s'avançant d'un pas solennel et dans une attitude grave, n'a pas un visage de convention; l'artiste a voulu faire un portrait. De qui? nous sommes hors d'état de le dire. Faut-il y voir un légat impérial? un procureur? ou simplement un des hauts dignitaires de la colonie? Je ne me permettrai pas de répondre à la question. Dans tous les cas, c'est un personnage du premier siècle de notre ère, car il ne porte pas de barbe.

La légende FELICITER est, à n'en pas douter, la formule de consécration qu'il est censé prononcer[1]. Il souhaite que son offrande porte bonheur à la ville et qu'elle lui assure une récolte abondante. Une inscription de York[2], l'ancienne *Eboracum,* est conçue dans les mêmes termes : *Genio loci, feliciter.*

XI. — Hercule nu, coiffé de la peau de lion et tourné vers la droite, avance la main pour cueillir les fruits de l'arbre des Hespérides. Un serpent est enroulé autour du pommier. Médaillon bordé d'un fil en torsade, trouvé, en 1868, à Vienne, dans les fouilles de la rue de la Gare.

XII. — (Pl. xv, 1.) — Hercule rendant visite à Prométhée enchaîné. Le Titan, nu et barbu, est commodément assis; mais ses bras sont rivés au rocher, et un aigle, perché sur son genou, lui ronge le foie. En face de lui, le fils d'Alcmène, imberbe, s'apprête à tirer une flèche de son carquois pour tuer l'oiseau. Il tient son arc à la main gauche; sa massue est appuyée contre la montagne. Les deux personnages mythiques sont de taille colossale. Malheureusement ce bas-relief, trouvé à Orange, a beaucoup souffert, moins par le temps que par le nettoyage barbare, à l'eau seconde, qu'on lui a fait subir et qui en a enlevé le vernis avec la presque totalité de l'inscription. A force d'études, souvent abandonnées et reprises, j'ai fini par déchiffrer les vestiges de ce texte curieux qui remplissait quatre ou cinq lignes. Voici comment je propose de le lire : [*Prometheus in*] CAVCASO [*vin*]CTVS. VISCERA PA[*s*]CEN[*s*] [*aq*]VILA; puis, le long de la jambe gauche d'Hercule, le mot : [*Herc*]VLES. On remarquera le choix du verbe *pascere,* qui peint d'autant mieux la situation que le foie de Prométhée repoussait, après chaque repas de l'aigle, comme l'herbe que paissent les troupeaux.

Trois peintres de l'antiquité ont traité le même sujet : Panainos, Parrhasios et Evanthès.

Sur une sardoine inédite de l'ancienne collection Badeigts de Laborde[3], on voit le Titan captif debout, les jambes croisées, les mains liées derrière le dos et rivées à un bloc de granit. Le vautour qui le tourmente voltige dans l'air, et aux pieds du martyr s'arrête un petit Éros sans ailes, portant d'une main un papillon, de l'autre un flambeau allumé. Le graveur a osé assimiler les souffrances de Prométhée à celles de l'Amour, et la légende εὖ μοι[4], que l'on serait tenté de prendre pour une ironie, cherche plutôt à écarter le mauvais augure d'une pareille représentation.

XIII. — (Pl. xiv, 2.) — La mort d'Hercule sur le mont Oeta est jusqu'à présent un sujet des plus rares. Voici les monuments d'art grec ou romain, — je laisse de côté l'Hercule asiatique, — qui sont relatifs à ce mythe :

A) Au xvie siècle, Aldrovandi[5] eut l'occasion de voir dans la maison d'Ascanio Magarozzi, près

---

1. Preller, *Rœmische Mythologie,* p. 619.
2. Orelli, n° 1701.
3. *Catalogue,* n° 41. — Le mythe d'Hercule et de Prométhée a été traité par O. Jahn dans ses *Fresques de la Villa Pamfili,* 1857.
4. En écriture carrée.
5. *Le Antichità di Roma* (Venet. 1562), p. 60.

de Torre dei Conti, un bas-relief en marbre qu'il décrit ainsi : *un' Hercole morto, e lo pongono sul fuoco.* Cette sculpture, aujourd'hui perdue, aurait été découverte à Rome près de l'église Saint-Étienne sur le mont Caelius.

B) Fragment d'un devant de sarcophage, attribué au IIIe siècle de notre ère [1]. Hercule y est couché sur un bûcher allumé ; ses paupières sont à demi closes, ses bras pendent immobiles, comme si l'œuvre de la mort était déjà accomplie. Du côté gauche, on aperçoit un genou d'enfant (probablement de son fils Hyllos) et plus loin la partie inférieure d'une figure de jeune homme drapé, tenant de la main droite abaissée un flambeau.

C) Du temps de Pline [2], on admirait dans le portique d'Octavie, à Rome, un tableau d'Artémon qui représentait : *Herculem ab Oeta, monte Doridos, exusta mortalitate consensu deorum in caelum euntem.* Il est vraisemblable que le bûcher n'y aura pas plus manqué que sur les vases qui vont suivre.

D) Amphore à figures rouges, du musée de Munich [3]. Sur le bûcher encore fumant, on voit un tronc humain. Deux femmes, Arethosa et Premnosia, accourent pour éteindre les flammes. Un satyre s'empare de la lance et de la massue d'Hercule, tandis qu'un autre, à genoux, fait un geste de surprise, car en ce moment même le héros divinisé, installé sur le quadrige de Minerve, prend le chemin de l'Olympe.

E) Cratère du beau style, trouvé à Santa-Agata de' Goti [4]. Pendant que le corps d'Hercule achève de se consumer, et qu'un personnage sur le nom duquel on n'est pas d'accord paraît ranimer le feu à l'aide d'une aile d'oiseau (?), une nymphe se hâte de verser de l'eau sur le bûcher. Nous verrons tout à l'heure que cette contradiction n'existe pas. A droite, un homme, coiffé d'un bonnet ovoïde, s'enfuit avec une bûche enflammée qu'il vient de dérober. Dans le haut, Hermès et la Victoire conduisent le quadrige qui emmènera le nouveau dieu.

Ces vases nous remettent en mémoire le fameux cratère de lord Carlisle, représentant l'apothéose d'Alcmène [5] et portant la signature du peintre Python. Amphitryon et Anténor, armés chacun de deux torches, allument le bûcher que les Hyades [6] cherchent à éteindre, en versant du haut des régions célestes le contenu de leurs urnes. La défunte est déjà ressuscitée, car on la voit assise, entourée d'un nuage blanc et d'un arc-en-ciel. Jupiter et l'Aurore sont spectateurs de la scène.

Après ces monuments, qui ont pour sujet principal la déification d'Hercule, — les fragments de sarcophage A et B rentrent sans doute dans la même catégorie, — on verra avec plaisir le médaillon d'Orange que je publie pour la première fois et qui appartient à M. Oppermann. L'artiste nous y fait assister, non à la mort du héros thébain, ni à son entrée triomphale dans l'Olympe, mais aux derniers moments qui précédèrent sa mort. Hercule est assis sur un bûcher recouvert de la peau de lion. Les flammes ont déjà envahi le bois. Celui qui a allumé

---

1. Chez Barone à Naples. Benndorf, *Archæol. Anzeiger*, 1866, p. 220*. 278*.

2. *Hist. nat.,* XXXV, 139.

3. *Catalogue de vases peints de l'Étrurie,* n° 96. — Roulez, *Annali dell' Inst.,* XIX, 23, tav. d'agg. O. *Monum. dell' Inst.,* IV, 41. — O. Jahn, *Vasenbilder,* p. 24 (*m*). *Münchener Vasen,* n° 384.

4. Collection Filippo Rainone. Gerhard, *Antike Bildwerke,* pl. 31.—Welcker, *Hyperbor. ræm. Studien,* t. I, 301. *Alte Denkmæler,* t. III, 298.

5. *Monumenti dell' Inst.,* t. I, 10. *Nouv. Annales,* t. I, 487 (pl. B).

6. M. Heydemann (*Iliupersis,* p. 36) appelle ces déesses *die Jaden.* Il avait copié, sans savoir de quoi il s'agissait, une phrase de Minervini (*Bull. Napolit.* N. S., t. VI, 150) qui employait la forme italienne *le Iadi.*

le feu est un jeune homme, PHILOCTE[tes], tenant à la main gauche une torche renversée. Une chlamyde flotte autour de ses épaules, et de la main droite tendue en avant il saisit le prix de son dévouement, cet arc infaillible qui a remporté et qui remportera encore tant de victoires. Une boîte oblongue (γωρυτός), munie d'une bandoulière, sert d'étui à l'arme. Il faut regretter que la tête d'Hercule soit brisée, mais elle existe sur quelques fragments que j'ai vus, en 1867, entre les mains de M. Charras, à Orange, et dont j'ai négligé de prendre l'empreinte. Un vieil arbre, planté à l'extrémité de la scène, et quelques fleurs qui émaillent le sol, indiquent les hauteurs boisées du mont Oeta.

En présence de ce médaillon orné d'une légende irrécusable, nous n'hésiterons plus à reconnaître Philoctète dans l'un des personnages figurant sur le vase de Santa-Agata de' Goti. L'objet qu'il tient n'est pas une aile, mais le carquois[1] qu'il a reçu des mains du moribond, parce que lui seul avait osé construire le bûcher et y mettre le feu.

Chez les anciens déjà, comme plus tard au moyen âge, les armes célèbres comptaient parmi les héritages les plus glorieux. Fabriquées par des armuriers de renom, portées successivement par des héros illustres, on les conservait dans les familles comme des joyaux, ou dans les sanctuaires publics comme de précieuses reliques. Souvent, avec ce sentiment profond qui caractérise le passé, on leur donnait des noms propres comme à des êtres animés, on s'enquérait de leur origine, on établissait leur généalogie, c'est-à-dire la suite chronologique de leurs propriétaires. Quant à l'arc et aux flèches d'Hercule, ils avaient été fabriqués par Vulcain et donnés à Apollon[2] qui s'en dessaisit en faveur du jeune héros, soit de gré, soit de force. L'*Odyssée* déjà[3] connaît les qualités miraculeuses de cet arc qui ne manque jamais son but; dans une tragédie de Sophocle[4], Néoptolème veut lui rendre les honneurs divins. On sait que, sans Philoctète, la prise de Troie était impossible et que les Grecs tentaient tous les moyens pour s'assurer son concours.

XIV. — Nous passons au médaillon de *Thésée et Ariadne*, découvert lors des fouilles de la rue de la Gare, à Vienne, et dont M. Allmer a donné une description[5]. J'ai pu étudier moi-même cette curieuse terre cuite, et les notes suivantes sont rédigées d'après mon calepin de voyage et une photographie que j'ai sous les yeux.

A la gauche, la fille de Minos (ARIADNE), drapée, est assise sur un siége façonné au tour ; elle tient à la main droite avancée le peloton de fil qui aidera Thésée à retrouver l'issue du labyrinthe. Derrière elle, on aperçoit la statue d'une femme qui est en train d'agrafer son manteau sur l'épaule droite et qui a tout à fait l'attitude de la Diane de Gabies.

Thésée (THESEVS), debout devant son amante, tend la main droite pour recevoir le précieux cadeau. Il est presque entièrement nu, son manteau, orné de glands aux extrémités, ne recouvrant que le dos et une partie de l'avant-bras gauche; de plus, il porte un *pedum* au bras. Un hoplite qui a une rosace pour épisème marche derrière lui; malheureusement le nom de ce dernier (sans

---

1. K. O. Müller, *Manuel d'Archéologie*, p. 682, avait déjà rectifié cette erreur, mais il prend Philoctète pour Poeas, roi des Maliens, père de Philoctète.

Il est vrai que, d'après une version de cette légende (Apollodore, II, 7, 7), ce fut Poeas qui alluma le bûcher.

2. Apollodore, l. II, 4, 11.

3. VIII, 219.

4. *Philoctète*, 657 : προσκύσαι ὥσπερ θεόν.

5. *Journal de Vienne* du 1er mars 1868. *Bull. dell' Instituto*, 1869, p. 179.

doute l'un des compagnons de Thésée) est brisé, sauf trois lettres ITR......(?) dont la lecture n'est pas même certaine.

Au troisième plan se dresse le labyrinthe, grand édifice circulaire, qui ressemble à une forteresse romaine. La porte d'entrée est surmontée d'un disque ; les créneaux du mur d'enceinte sont remplacés par des boulets de pierre. A l'intérieur du labyrinthe, c'est-à-dire dans le petit espace ovale resté libre entre la plate-forme du mur et le bord du médaillon, on voit du côté gauche un temple tétrastyle, élevé sur un soubassement de plusieurs marches et décoré d'un fronton triangulaire. Plus loin, Thésée assomme à coups de pedum le Minotaure (MINOTAVRVS) dont il a saisi l'une des cornes et qui manie lui-même une massue, tout en cherchant à prendre la fuite.

Les figures qui composent ce charmant tableau, si riche et si animé, ont des proportions bien différentes les unes des autres. Thésée et Ariadne sont de taille colossale, comme il convient à des personnages héroïques. L'hoplite est un peu plus petit, la statue est de grandeur moyenne et les figures du quatrième plan sont d'une exiguïté telle, qu'on a de la peine à distinguer tous les détails.

A l'exergue : le mot CERA et une syrinx couchée, qui doit être une allusion au nom du modeleur, comme certains symboles placés sur les monnaies de la République romaine, sur les briques, les tessères de bronze, les pierres sépulcrales, font allusion aux noms des monétaires, des briquetiers, etc. Sans m'appuyer de l'anecdote de Pline au sujet des architectes Saura et Batrachos, je constate que les noms propres empruntés aux instruments de musique sont très-rares [1] et que je me sens embarrassé pour retrouver celui qui se cache sous la flûte de Pan.

Dans tous les cas, notre médaillon est une des plus curieuses représentations de la légende du Minotaure. Le livre classique de M. Stephani [2] me dispense d'entrer dans de plus amples détails.

XV-XVII. — En 1868, on recueillit à Vienne, en Dauphiné, lors des fouilles de la rue de la Gare, trois fragments d'un grand médaillon en terre cuite qui avait servi à la décoration d'un vase. Ces débris ne nous donnent pas même la moitié du sujet, et ce que je déplore le plus, c'est la perte des inscriptions, qui font rarement défaut aux figures de cette classe de bas-reliefs. Mais, quoi qu'il en soit, nous pouvons, à l'aide de ce qui reste, reconstituer la majeure partie de l'ensemble.

Le milieu du tableau est occupé par un géant aux formes colossales, armé d'une cuirasse, de cnémides et d'un bouclier dont on n'aperçoit plus qu'un morceau insignifiant. Le pectoral et la jambière sont ornés de rinceaux ciselés avec goût. L'avant-bras droit du géant est nu et replié sur la poitrine ; je présume qu'il a dû porter une lance à la main droite. L'écartement des jambes est, du reste, si considérable, qu'on voit facilement que le guerrier gigantesque a pris l'attitude du combat.

Les ennemis dont il repousse l'attaque sont de véritables nains ; le plus grand d'entre eux ne dépasse pas le genou du colosse. Mais ils ont l'avantage du nombre ; on en compte onze sur deux fragments; leur corps d'armée peut donc être évalué à quarante ou cinquante hommes. De plus, ils sont bien commandés ; formés en deux rangs, ils entourent leur adversaire d'une barrière infranchissable, et, si le géant a quelque chance d'écraser ceux qui se trouvent devant lui, il risque fort

---

1. Αὔρα (nom de femme). Αὐλός. Αὐλίσκος. — *L. Postumius Tympanum* (Tite-Live, l. XXXIV, 47).

2. *Der Kampf zwischen Theseus und Minotauros.* Leipzig, 1842.

d'être blessé par ceux qui le menacent par derrière. Les assaillants portent l'uniforme des prétoriens romains : un casque à cimier, une cuirasse, une lance et un bouclier rond.

Je puis me dispenser de prouver que ces trois fragments font bien partie du même sujet, non du même médaillon. C'est là un détail sans importance. Le style aussi bien que l'invention du petit bas-relief appartiennent à une époque où le sentiment de l'art n'avait pas encore perdu toute vitalité. Je le placerais volontiers à la fin du ııᵉ siècle de notre ère, car il rappelle les scènes de la colonne Trajane et de la colonne Antonine, dont il partage un peu les qualités. Le problème de grouper ensemble des masses de soldats de la même arme, sans devenir monotone, est parfaitement résolu ; plusieurs figures paraissent même avoir été empruntées aux chefs-d'œuvre de la sculpture grecque. Ces observations m'ont suggéré l'idée que le médaillon pourrait bien n'être que la copie d'un original célèbre, d'un bouclier par exemple, ou d'un disque d'argent, auxquels un pareil ornement conviendrait de toute façon. La double haie de soldats de petite taille, disposée autour du colosse, formait la bordure naturelle d'un cercle et conciliait ainsi les intérêts du sujet avec les exigences matérielles de l'objet qu'il était destiné à embellir. Or le génie des anciens, — on l'a constaté mille fois, — ne perdait jamais de vue que l'art a un but pratique, qu'il doit s'appliquer à quelque chose. Une interprétation qui ne tiendrait pas compte de cette mission principale de l'art antique s'exposerait à se débattre dans le vide.

Quant à l'interprétation, elle paraît moins facile, car les auteurs anciens gardent un silence obstiné sur un combat de ce genre. En passant la revue des géants dont on raconte les méfaits, aucun n'a été combattu par une armée entière ; ce n'est donc pas dans les textes classiques que nous réussirons jamais à trouver la solution du problème.

Mais en nous rappelant que les artistes romains de la décadence transformaient volontiers les personnages de la légende héroïque grecque en soldats romains, l'énigme perd de son obscurité. Le guerrier gigantesque assailli par cette cohorte ne serait-il pas tout simplement Hector aux prises avec les Achéens ? C'est ce que j'ai toujours pensé, et ma supposition vient d'être confirmée de la façon la plus complète par trois fragments de médaillons analogues, trouvés à Vichy et dont je dois les photographies que j'ai sous les yeux à la bienveillance de M. Bertrand, vice-président de la Société d'émulation de l'Allier.

L'un de ces fragments, adhérant encore à un débris de vase à vernis métallique, forme le côté gauche d'une vaste composition, admirablement exécutée et témoignant d'une entente peu commune des choses de l'art. Malheureusement il n'en subsiste que trois figures. Un géant cuirassé, en tout semblable à celui du médaillon de Vienne, est debout, de face, le bras droit étendu, une longue haste à la main gauche, le pied droit appuyé sur une cloison assez élevée. Une colonnette surmontée d'un vase se dresse entre ses jambes écartées, ce qui peut donner une idée de sa taille extraordinaire. Sa tête est brisée ; mais on voit à ses mouvements qu'elle était tournée vers un ennemi qui le suivait, et, en effet, sur le fragment complémentaire, nous apercevons cet autre combattant, tourné vers la gauche, de proportions colossales, mais entièrement nu. Lui aussi a les jambes écartées, le pied gauche en avant, au bras un bouclier circulaire, orné d'une rosace ; sur l'épaule, le baudrier du glaive. Malgré les dégradations que cette figure a subies, on voit qu'elle brandissait de la main droite une lance contre son adversaire. Au second plan, on reconnaît les restes de quatre petits hoplites, coiffés de casques à cimiers et armés de boucliers de la même forme et de la même ornementation. Ces deux géants sont incontestablement Hector et Ajax.

Devant le premier se trouve un autre hoplite de petite taille, puis un guerrier beaucoup plus grand, portant comme lui des cnémides ciselées et tenant des deux mains un flambeau allumé. Auprès de lui, — il a la tête tournée en arrière, — s'élève un arbre, et l'inscription DEIPHOBVS, tracée en beaux caractères, dissipe les derniers doutes que l'on pourrait conserver sur l'interprétation du sujet.

Déiphobe, fils de Priam et un des plus redoutables adversaires de l'armée grecque, conduit dans l'*Iliade* les Troyens contre les vaisseaux ennemis, pour y mettre le feu. Les péripéties de la lutte, qui remplissent plusieurs chants du poëme épique, ont souvent inspiré les artistes anciens ; mais peu de monuments relatifs à l'*Épinausimaché* sont venus jusqu'à nous [1]. En dehors des tables iliaques, il n'y a guère que les fragments dont je viens de donner la description qui aient un intérêt sérieux, et j'espère être bientôt à même de les publier.

XVIII. — *Scylla attaquant le vaisseau d'Ulysse.*

Le navire, placé à la gauche du spectateur, est rempli de guerriers, tous de très-petites proportions, casqués et armés de boucliers et de lances. L'un des combattants, vêtu d'une tunique qui laisse à découvert l'épaule droite, se tient debout sur le pont, menaçant le monstre d'un coup de haste. Scylla (légende fruste : *sc*YLLA) porte une rame au bras gauche, tandis que de la main droite elle saisit par les cheveux un Grec entièrement nu pour l'enlever du vaisseau et le jeter à la mer. Les trois chiens de Scylla sautent après les victimes qui se débattent dans les flots. Signature de l'artiste : [Ap]OLLINARIS CERA.

Ce curieux morceau fait partie du musée de la ville de Vienne, où je l'ai fait photographier.

On rencontre le même motif sur trois contorniates, assez mal dessinés dans l'ouvrage de Sabatier [2].

XIX. — Un des spécimens les plus instructifs de cette série est le vase de Lyon, encore imparfaitement connu, malgré les publications réitérées de Caylus [3], de Millin [4], de Comarmond [5] et de M. de Boissieu [6]. Il a été trouvé, en 1727, dans le quartier d'Ainay, près du couvent des religieuses de Sainte-Claire. Je l'ai vu souvent dans une des vitrines du musée de Lyon, mais il ne m'a pas été possible alors de l'examiner de près.

C'est une *olla* de forme sphérique, se rétrécissant vers l'orifice et munie de trois anses, entre lesquelles sont appliqués trois médaillons de la même fabrique que ceux qui nous intéressent. A l'exception du vase Sallier (pl. iii), je ne connais pas d'autre monument intact de ce genre et qui nous donne une idée plus nette de l'emploi que l'on faisait de ces petits bas-reliefs et de l'effet qu'ils produisaient.

Le médaillon principal représente un sujet que nous rencontrons fréquemment sur les lampes antiques : les bustes affrontés de Sol-Sarapis et d'Isis, entre lesquels on aperçoit un pavot, deux épis de blé et un petit pschent. La ressemblance que les antiquaires ont voulu trouver entre ces

---

1. Overbeck, *Bildwerke zum troischen Heldenkreis*, p. 422.
2. Pl. 13, 11-13. — Collection *Pembroke*, t. III, pl. 99.
3. *Recueil*, t. VI, pl. 107 (p. 338).
4. *Peintures de vases antiques*, t. II, pl. 78, 15. 16. *Voyage dans* | les *départements du Midi*, I, 439. Galerie mythologique, 178, 653.
5. *Description des Antiquités et Objets d'art contenus dans les salles du Palais des Arts de la ville de Lyon* (1857), p. 42 (pl. 2).
6. P. 463-465.

divinités et Antonin et Faustine me paraît illusoire ; Sarapis surtout, avec ses grosses moustaches et l'expression sombre de sa physionomie, ne saurait se confondre avec aucun autre personnage de la mythologie ou de l'histoire anciennes. A l'exergue se trouve un autel allumé, et de chaque côté quatre petites figures d'adorants venant offrir un sacrifice.

Le sujet du second médaillon est le groupe de *Mars et Ilia* (voir plus haut p. 57, n° IV), dont nous possédons plusieurs exemplaires.

Le troisième nous fait assister à un combat de gladiateurs, dont l'un (TOLVS L) est armé d'un poignard, l'autre (CINVRA LV) d'une *harpé*. Une palme, prix de la victoire, se voit à l'exergue. Quant à la lecture des inscriptions, elle n'est rien moins que certaine, le vernis rouge du vase ayant souffert à la suite d'une restauration inintelligente, et, si nous parvenons jamais à en avoir une copie exacte, ce ne sera pas à l'érudition du conservateur actuel du musée qu'on la devra.

XX. — (Pl. XVI, 3.) — Fragment de médaillon, trouvé à Orange. Gladiateur combattant, armé d'un bouclier oblong et d'une épée. Son casque est orné d'une étoile. Derrière lui, un terme de Minerve[1] sur une base. La déesse appuie le bras droit sur sa haste, et de la main gauche abaissée paraît tenir son bouclier. Dans le champ, la lettre M, et plus haut la légende fruste FE...

XXI. — Un médaillon de Vienne, dont je me rappelle avoir vu le croquis, représente un aurige du cirque portant le nom de *Logismus*.

XXII. — Fragment de médaillon avec les lettres ...OLA..., et sa bordure de feuilles. Sur le morceau adhérent de la panse du vase on voit un sanglier courant vers la gauche. Trouvé à Vienne.

XXIII. — (Pl. XV, 4.) — Poule entourée de trois poussins. Elle porte un épi au bec et l'un de ses petits sur le dos. Au-dessus, un rameau et la légende MIHI ET M[eis] FELICITER. Trouvé à Orange.

Le type de la poule est le même que celui des figurines en argile blanche de Moulins[2].

XXIV. — (Pl. XVI, 2). — Buste lauré d'un empereur romain, revêtu de la cuirasse et du paludament et placé entre deux enseignes. Le prince a les traits d'un vieillard ; sa barbe bien fournie lui prête une certaine ressemblance avec Lucius Vérus. Mais la légende, dont la première partie est brisée, porte distinctement : [Imp. P. Septi]MIO GETAE AVGVSTO. Certes, les grands bronzes romains qui nous montrent Géta avec une barbe n'ont pu servir de modèle à cette caricature ; mais devant l'autorité d'une inscription nous n'avons qu'à nous incliner. A mes yeux, ce médaillon, découvert à Orange, a une valeur exceptionnelle, parce qu'il assigne une date certaine à tous ceux que nous venons d'examiner. De plus, c'est la première fois que nous lisons le nom d'un empereur romain sur un fragment de vase en terre cuite. Je ne saurais citer, à titre de comparaison et dans le même ordre d'idées, que les ciselures de l'épée de Tibère, déterrée en 1848 à Mayence,

---

1. Voir, pour cette rare représentation : Bœtticher, *Baumkultus*, Planches, n° 53 AB. — Je ne connais pas le mémoire d'Arditi, intitulé l'*Ermatena*. Naples, 1816 (69 pages in-4° avec 3 planches).

2. Tudot, *Figurines en argile*, pl. 60.

où le bouclier impérial porte la légende : FELICITAS TIBERI, et celui de la Victoire : VIC(toria) AVG(usta).

XXV. — Je devrais me dispenser de joindre à cette énumération si grave un sujet érotique, d'autant plus qu'il diffère de nos médaillons par son vernis à la plombagine. Ce morceau vient également d'Orange. Ce qui me décide à le mentionner, c'est l'inscription qu'il porte. Derrière la tête d'un jeune homme, couché sur un lit de repos, on voit les deux lettres VA....., le reste est brisé. Mais les paroles prononcées par sa compagne ont été conservées intégralement; elle dit :

VIDES QVAMBE
NECHA
LAS

vides quam bene chalas. Au-dessus du groupe est suspendu un pinax, qui représente un quadrige galopant vers la droite et rappelant le revers des monnaies d'Agrigente. Les sujets de la palestre, on le sait, servaient en même temps à la palestre érotique. Sur un grand moule, découvert à Langres et ayant appartenu à feu M. Lhullier, artiste peintre, on aperçoit au-dessous de la kliné un petit chien mangeant dans un plat godronné ; au pied du lit, une amphore à vin, et au-dessus : deux couronnes, un pinax dont le sujet est effacé, une petite corbeille (?) et une quenouille (?). Enfin, un jaspe sanguin de la collection Démétrio, à Alexandrie, porte sur la face la légende : ἡ χάρις, οἱ πόθοι ; sur le revers : ἀλληλοφιλία ἐμῆς ψυχῆς. Au pied de chaque lit est placé un candélabre allumé, et sous la kliné, une œnochoé avec la *matella*.

XXVI. — Sur un grand médaillon fragmenté, à vernis rouge, acheté à Orange par M. Charvet, on lit un reste de dialogue entre l'éphèbe et la femme. Cette dernière tient à la main droite une épée ; le jeune homme s'écrie :

VICISTI
DOMI
NA

Un lampadaire se dresse au pied du lit. Quant à la signature de l'artiste, il n'en subsiste que quelques lettres :

D. . . . . .
CER*a*

LA TERRE ET LES KABIRES

— Pl. XXI. XXII —

U NE très-belle hydrie, provenant des fouilles de Capoue[1], fait l'objet de cette dissertation.

Deux satyres chauves et ithyphalliques[2] sont occupés à bêcher la terre, lorsqu'ils voient surgir tout à coup une femme de taille colossale, qui apparaît dans la tranchée à peine ouverte et se dégage peu à peu du sol. La chevelure de la jeune déesse est en partie cachée sous un morceau d'étoffe blanche et brodée (ὀπισθοσφενδόνη); un manteau semble recouvrir ses épaules, qui sont encore enfouies sous la terre. Au second plan, deux Amours nus et ailés voltigent autour de cette singulière apparition, les bras étendus, comme pour lui souhaiter la bienvenue. Les satyres l'accueillent avec des gestes de surprise; celui de gauche a remis le hoyau sur son épaule, l'autre n'a pas encore cessé de travailler. Les plantes qui émaillent le sol indiquent une prairie.

Si je voulais me borner à l'interprétation de cette seule peinture, rien de plus aisé que d'établir une hypothèse acceptable et de la défendre par quelques arguments spécieux. Mais l'antiquaire n'a pas le droit de baser ses conjectures sur un fait isolé ; pour que l'exégèse d'un monument ne soit pas un simple jeu d'esprit, il faut qu'elle tienne compte de tous les monuments analogues.

Or, il n'y a rien de plus de fréquent sur les vases peints que des têtes colossales de femme. En éliminant du nombre toutes celles qui ne sont pas accompagnées de figures de dimensions moindres, nous pouvons les classer en plusieurs catégories[3] dont chacune appartient à un ordre d'idées différent et qu'il importe de ne pas confondre entre elles.

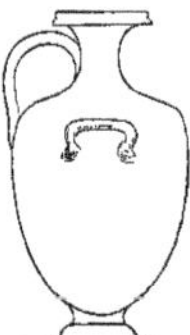

1. Peintures rouge, jaune et blanche sur un fond noir à vernis brillant. Palmettes autour des anses; trois bordures d'oves. Hauteur 0ᵐ,31.

Ce vase, acheté à M. Alessandro Castellani et offert au prince Napoléon par le Cᵗᵉ Branicky, fait aujourd'hui partie du cabinet de M. Méester de Ravestein.

Frœhner, *Catalogue d'une Collection d'Antiquités* (Paris, 1868), nᵒ 94. — *Musée de Ravestein*, t. I (Liége, 1871), p. 152-164. M. Méester s'est cru autorisé à reproduire dans son catalogue descriptif un chapitre entier de mon *Choix de vases peints*, sans me demander si cette réimpression me serait agréable ou si par hasard des matériaux nouveaux n'auraient pas modifié mes opinions.

2. Ce détail a été supprimé sur la planche 21.

3. Je laisse de côté les sujets tronqués. Souvent l'artiste n'a représenté qu'un buste ou une moitié de figure, parce que l'espace lui manquait pour les compléter. Ainsi les têtes d'amazone, flanquées de protomes de cheval et de griffon, que l'on rencontre sur les vases de la Cyrénaïque, ne sont que des fragments d'une grande composition qui avait pour sujet la campagne des Amazones contra les griffons.

Voir les *Monumenti dell' Instituto*, t. IV, pl. 40. Raoul-Rochette, *Annali dell' Instituto*, t. XIX, 258-262. — Louvre; musée Charles X, nᵒ 3438. 3439. 3451.

La première catégorie comprend les vases dont le sujet principal n'a pas de rapport avec les accessoires qui l'entourent. Un balsamarium du musée du Louvre, trouvé dans la nécropole de Kameiros, représente le buste (avec les épaules) d'un guerrier barbu et casqué, de proportions relativement colossales ; devant lui on voit un cygne et derrière lui une rosace. La provenance, le style et les couleurs (noire et pourpre sur fond blanc) assignent à cette peinture une très-haute antiquité. En groupant ensemble des choses si disparates, l'artiste n'a pu avoir d'autre but que de remplir le champ ; quant à une corrélation entre le cygne et l'hoplite, il ne faut pas y songer.

Suivent les têtes ou les figures colossales qui font l'objet d'un culte et qui paraissent être des reproductions d'idoles célèbres. Elles forment une classe à part. Lorsque, sur certaines intailles, la Victoire vient couronner une énorme tête de Sarapis, il n'y a pas de doute qu'il ne s'agisse là d'une tête sculptée ou fondue en bronze. Sur quelques monnaies antiques, on aperçoit des têtes colossales de princes et de déesses diadémées, parées de colliers et de pendeloques, et auprès d'elles soit un Amour avec une palme, soit une Victoire avec sa couronne triomphale. Les peintures de vases de ce genre ont été peu étudiées jusqu'à présent. Tantôt c'est une ménade qui offre une libation à la tête mitrée de Dionysos, tantôt l'Amour approche de la tête d'Aphrodite pour lui faire hommage d'une couronne ou d'une ténie, ou bien deux Amours androgynes écartent le voile de la déesse. Un ou deux griffons, couchés devant la tête d'Artémis, lèvent la patte en signe d'adoration. La plupart du temps, une tête de femme dépourvue de tout attribut caractéristique reçoit les offrandes de quelques fidèles, hommes ou jeunes filles. Souvent ces têtes sont au nombre de deux, ce qui nous permet de les attribuer à Déméter et Koré. Sur une amphore du musée Gregoriano (t. II, pl. 29, 3 B) un hoplite est placé entre deux énormes colombes à tête de femme. Enfin, il existe des vases où l'on voit un hermès ou une statuette de l'ancien style, placé entre les deux têtes colossales. Cette circonstance démontre suffisamment que l'artiste n'a pas voulu représenter des têtes d'êtres animés, mais des sculptures.

Toute équivoque disparaît lorsqu'on examine cette coupe trouvée en Étrurie[1] qui représente deux bustes équarris, l'un de Dionysos barbu, l'autre d'Ariadne ou de Sémélé. Là, du moins, l'intention de l'artiste ne saurait être mise en doute.

Mais la question se complique lorsque nous arrivons à la troisième catégorie où il n'y a plus de simples têtes, où l'on rencontre de véritables fragments de figures mouvementées, souvent avec des attributs. Je vais donner la liste de ceux qui sont venus à ma connaissance.

I. — VASES A PEINTURE NOIRE.

A. Buste drapé de *Dionysos* (ΔIONVSOS), le front couronné de lierre, un canthare à la main gauche levée. En regard, le buste drapé de *Sémélé* (SEMEVE, en lettres rétrogrades), parée d'un collier et de pendants d'oreilles, une couronne de lierre dans les cheveux. Elle lève la main droite. — Ces divinités sont entourées de ceps de vigne, chargés de grappes de raisin ; derrière Sémélé, un *satyre* barbu, de très-petite taille et sans l'hippouris, escalade une des branches.

1. Gerhard, *Hermenbilder auf Vasen*, pl. 5, 4. *Gesammelte Abhandlungen*, t. II, 573 (pl. 67, 4).

Revers. Buste drapé de *Dionysos* (ΔIONVSOS, en lettres rétrogrades), le front couronné de lierre fleuri, un rhyton à la main gauche. En regard, le buste d'une femme (KALIS) revêtue d'une robe brodée, parée d'un collier, de pendants d'oreilles et d'un bandeau brodé. Elle a la main droite levée. — Derrière ces figures on aperçoit les bustes drapés de deux autres femmes, dont l'une est appelée SIME, et qui tiennent des branches de lierre. — Couronnes suspendues dans le champ.

> Coupe de style très-archaïque, à peinture noire, rehaussée de rouge. Trouvée à Capoue (collection *Santangelo*).
> Minervini, *Bullettino archeologico napolitano, nuova serie*, tome VI, 191 (pl. 13). — Gerhard, *ibid.*, t. VII, 9-11. *Ueber die Anthesterien* (Berlin, 1858), p. 169. 204 ; pl. 1, 1. 2. *Gesammelte Abhandlungen*, pl. 68, 1. 2.

B. Bustes drapés et couronnés de *Dionysos* et d'une déesse (Sémélé ?), tournés vers la gauche. De chaque côté, une *ménade* dansante, — l'une d'elles joue des crotales, — et un *satyre.* — Rameaux fleuris dans le champ.

> Amphore de style très-archaïque, trouvée à Cære (Musée du Louvre ; ancienne collection Campana.)
> *Monumenti dell' Instituto*, vol. VI, pl. 7. — Gerhard, *Annali dell' Instituto*, 1857, p. 211-219. *Ueber die Anthesterien*, pl. 1, 3 ; p. 161-162. *Gesammelte Abhandlungen*, pl. 68, 3.

B¹. Grande tête de Dionysos barbu, de face, entre deux grands yeux peints en blanc. Pampres et grappes de raisin autour. Au revers, la même tête, et sous chaque anse un satyre accroupi. L'un d'eux est ithyphallique et tient des branches de lierre [1].

> Amphore achetée à la vente Canino par Millingen.
> *Vases peints provenant des fouilles de l'Étrurie*, n° 23.

II. — VASES A PEINTURE ROUGE.

C. Entre deux *éphèbes* drapés : tête colossale d'*Athéné* casquée, tournée à gauche. Elle tient sa lance à la main droite (Pl. XXII, 2).

> Œnochoé rapportée de *Bengaʒi* (en Cyrénaïque) par Vattier de Bourville (Cabinet de France, n° 4783). Hauteur, 0ᵐ,16.
> *Monumenti dell' Instituto*, t. IV, pl. 46, 1. *Annali*, t. XIX, 356-366.

D. *Eros* ailé, suivi d'une femme drapée, couronne d'une ténie le buste colossal d'une déesse voilée (*Aphrodite*) qui tient un miroir.

> Petite hydrie. Hauteur 0ᵐ,20. Cyrénaïque. (Musée du Louvre, n° 3369. Acquisition Vattier de Bourville, 1851).

E. Tête colossale (à gauche) d'une jeune femme voilée, diadémée et parée d'un collier. Sa main droite est visible. Derrière elle se tient un ǀsatyre barbu, devant elle un *Amour* ailé, prêt à la couronner de ténies.

---

1. J'ajouterai à cette liste les vases suivants sur lesquels il n'y a pas de figures de petite dimension :

I. — Deux têtes colossales, ornées de bandeaux ; l'une d'un homme barbu, l'autre d'une femme parée d'un collier. Fragment du style le plus archaïque, trouvé dans l'île de Lesbos.

Conze, *Reise auf der Insel Lesbos*, p. 45-46 (pl. en regard du titre).

II. — Entre deux grands yeux : les bustes d'Hermès, d'Athéné et d'Héraklès, le premier avec le caducée, le dernier avec la massue et la peau de lion.

Coupe du *Museum etruscum Gregorianum*, t. II, pl. 66, 3ᵇ.

Revers. Deux éphèbes drapés.

Péliké. Hauteur o^m,24. Cyrénaïque. (Musée du Louvre, n° 3463.)

F. Tête colossale d'une femme voilée (à gauche). Sa draperie recouvre non-seulement le bras droit, mais le nez et la bouche. Derrière elle, une *femme* drapée et un *Amour* planant dans l'air, qui viennent la couronner de bandelettes.

Les parties nues de la tête colossale sont peintes en blanc.

Revers. Cippe entre deux éphèbes drapés dont l'un tient un tambourin.

Péliké. Hauteur o^m,27. Cyrénaïque. (Louvre, n° 3470. Acquisition Vattier de Bourville.)

G. Buste drapé d'Aphrodite (à gauche), relevant de la main droite son manteau. Devant elle, *Éros* debout, de taille plus petite, présentant à la déesse une colombe et un flambeau allumé.

Aryballe athénien à peinture blanche et rouge (autrefois avec dorures). Fr. Lenormant, *Catalogue de la vente Piot* (mai 1870), n° 18.

H. Buste colossal d'une déesse drapée et ornée d'un diadème radié. Sa main droite est visible ; au bras gauche elle tient un sceptre surmonté d'une fleur de grenadier. La bouche entr'ouverte, elle a le regard tourné vers un *Amour* ailé qui voltige devant elle.

Coupe de Vulci (ancienne collection du duc de Luynes).
Monumenti dell' Instituto, vol. IV, pl. 39, 1. — Duc de Luynes, *Annali rom.* 1847, t. XIX, p. 179-183 ; l'auteur y voit Gaea et l'Éros cosmogonique. — *Elite céramographique*, t. IV, 35.

J. Buste d'une femme diadémée, vue de face et rajustant son chiton. Deux *Amours* viennent la couronner.

Petite hydrie. Hauteur o^m,19. Cyrénaïque. (Louvre, n° 3371.)

K. Tête de femme (*Aphrodite*), sortant de terre (à droite), parée d'un collier doré, les cheveux cachés sous une étoffe blanche retenue au moyen d'une bandelette bleue. En face d'elle, un cygne blanc, aux ailes déployées. L'oiseau se dirige vers la tête colossale, en montant sur la terre remuée par l'ascension de la figure. Ses ailes sont peintes en bleu.

Sur le col du vase, une guirlande dorée.

Petite hydrie. Peinture rouge avec différentes couleurs d'application. Hauteur o^m,16. Cyrénaïque. (Louvre, n° 2876. Acquisition Vattier de Bourville, 1851.)
O. Jahn, *Vasen mit Goldschmuck*, p. 15, n° 31.

Je ne veux pas fatiguer le lecteur en réfutant une à une toutes les bizarreries qui ont été imaginées pour retrouver le sens de ces sujets obscurs. Quelques savants ont proposé de les prendre pour des ateliers de sculpteurs ; M. Ch. Lenormant [1] a rappelé les apparitions nocturnes (φάσματα) qui se montraient aux initiés des mystères d'Éleusis. Selon lui, les têtes colossales seraient des espèces de mannequins que les prêtres auraient fait jouer au moyen de trappes pratiquées dans le

1. *Élite céramographique*, t. IV, 34. Sur les représentations qui avaient lieu dans les mystères d'Éleusis. *Mémoires de l'Acad. des Inscriptions*, t. XXIV (Paris, 1861), p. 344-445.

plancher du temple. Mais l'examen attentif des monuments détruit ces interprétations fantastiques. Voici les seuls faits que l'on puisse affirmer :

L'une des coupes de l'ancien style (A) représente des divinités animées. Dionysos porte un canthare et une corne à boire ; sa mère et la femme appelée Καλλίς lèvent la main comme si elles parlaient ou prenaient part à une fête bachique. Seulement, le bord d'une coupe n'offre pas une surface assez large pour permettre au dessinateur d'y placer des personnages entiers de cette taille. Il s'est donc contenté de les abréger et de n'en faire voir que la partie supérieure. Quant aux vases de la belle époque et de la décadence, ils ont cela de commun que les colosses que l'on y rencontre sont, sans exception, des figures de femme. La plupart d'entre eux (CDEFG) pourraient encore être des statues devant lesquelles les Amours, les satyres, les éphèbes et les jeunes filles viennent faire acte d'adoration. Mais trois vases se refusent à cette idée. Une déesse qui rajuste son chiton (J) ou qui a la bouche entr'ouverte, le regard fixé sur l'Amour qui plane dans l'air (H), doit être considérée comme vivante. Il est incontestable que ces figures sortent de terre ; l'une d'elles (K) est en plein mouvement ascensionnel, car autour de ses épaules on aperçoit des mottes de terre fraîchement remuée.

Cette dernière nous conduit sans transition à la quatrième classe, celle qui nous intéresse le plus et qui a motivé cette longue digression. Les vases qui en font partie sont jusqu'à présent au nombre de cinq [1].

I. — A PEINTURE NOIRE.

L. Tête de femme colossale (à droite), parée d'un collier, les cheveux cachés sous un *sakkos*. Ses mains sont visibles. Deux *satyres* barbus (sans hippouris), le front entouré d'une bandelette, manient chacun une hache (*bipennis*) ou un marteau. Celui de gauche à l'arme levée ; l'autre est en train de frapper, mais il recule devant l'apparition [2]. — Rameaux dans le champ. — La scène se passe entre deux colonnes doriques (Pl. XXII, 1).

> Lécythus (hauteur 0^m,246), provenant des fouilles du prince de Canino (*Description d'une collection de vases peints*, 1837, n° 72). Cabinet de France, n° 4901.
> Welcker, *Annali dell' Inst.*, t. II (1830), p. 245-57, tav. d'agg. D. *Alte Denkmœler*, t. III, 201 (pl. 15, 1). 524. 525.
> —*Elite céramographique*, I, 162-171 (pl. 52). — A. Feuerbach, *Nachgelassene Schriften*, t. IV, p. 61.—K. O. Müller, *Handbuch* (3e éd.), p. 636.

II. — A PEINTURE ROUGE.

M. L'hydrie du prince Napoléon (Pl. XXI).

N. Buste colossal drapé (peint en blanc) d'une jeune déesse, de face, ornée de boucles d'oreilles

---

1. J'ai exclu de ma liste l'*oenochoé* de Nocera (*Bullettino napolitano*, N. S., t. V, 65 ; pl. 5, 1), sur laquelle un guerrier, armé d'un carquois, frappe à coups de hache la tête, déjà renversée, d'une femme colossale, qu'un jeune homme essaye en vain de protéger. Cette tête de femme paraît être un antéfixe. — La monnaie impériale de Myra, publiée dans la *Revue numismatique*, 1849, planche 13 (Gerhard, *Gesammelte Abhandlungen*, planche 60, 8), n'a rien de commun non plus avec le sujet qui nous occupe. Les serpents sont les gardiens de l'arbre sacré et le défendent contre les deux hommes sacrilèges qui veulent l'abattre.

2. Welcker a cherché à tirer parti de certains détails qui ne sont que des imperfections de dessin. Le satyre de droite est placé au second plan, et son pied gauche est *derrière* les mains de la déesse. C'est pour que des erreurs de cette nature ne se propagent pas plus longtemps et que des auteurs de mauvaise foi ne me reprochent plus de n'avoir pas assez regardé la planche de Welcker, que je me suis décidé à faire reproduire de nouveau ce vase intéressant.

et d'un collier, les yeux levés. Un *satvre* ithyphallique pose sa jambe droite sur l'épaule gauche de cette femme. Derrière lui, un autre *satyre* barbu lève le bras en signe d'admiration.

Fragment de vase trouvé dans la nécropole de Capoue.
Helbig, *Bullettino dell' Instituto*, 1864, p. 61.

O. Tête colossale de femme paraissant sortir du sol ; près d'elle, un satyre entièrement nu, la chevelure hérissée, les bras étendus dans l'attitude de l'étonnement.

Revers. Enfant s'appuyant sur un bélier en course, qu'il tient par une corne.

Vase de forme sphérique à deux anses élevées. *Catalogue Raoul-Rochette*, n° 46 (p. 11).

P. Deux hommes barbus, placés l'un derrière l'autre et tournés vers la gauche, brandissent des marteaux (ou plutôt des bipennes ?). Ils sont vêtus d'un chiton court et d'une espèce de cuirasse, mais leurs bras sont nus. Devant eux, une femme drapée sort de terre. Elle n'est visible que jusqu'aux genoux. Le regard fixé sur les deux hommes cuirassés, elle lève le bras gauche comme pour les inviter à ne pas frapper ; de la main droite, elle tient sa robe. Un arbre sans feuillage est planté derrière la déesse. Plus loin, on aperçoit un personnage dansant, portant son manteau en écharpe. Les trois hommes ont le nez camus, les traits du dernier sont silénesques.

Vase du musée de Stockholm.
Passeri, *Picturæ Etruscorum in vasculis*, t. III, pl. 254. — Welcker, *Alte Denkmæler*, t. III, 215 (pl. 15, 2). — *Élite céramographique*, I, 172 (pl. 53). — Wieseler, *Sammlungen zu Stockholm*, p. 201.

Le premier de ces vases (L) a été rattaché par Welcker à un mythe siciliote.

D'après ce savant, la femme colossale dont la tête et les mains surgissent du sol serait la Terre elle-même, *Gaea*, venue pour mettre au monde ses enfants d'adoption, les *Paliques*. Les deux personnages bachiques, entourés de rameaux fleuris, seraient alors les nouveaux-nés qui, armés chacun d'un marteau de forge, procéderaient à la délivrance de leur mère, bien qu'elle n'ait plus besoin d'être délivrée. En effet, les divinités se distinguent souvent par des actions d'éclat le jour même de leur naissance ; mais je ne crois pas qu'un démon ait besoin de délivrer sa propre mère qui vient d'accoucher de lui. De plus, on comprend à la rigueur qu'une divinité mâle, comme Jupiter, n'ayant pas les organes nécessaires à la gestation, porte Minerve dans sa tête et Bacchus dans sa cuisse ; mais une déesse n'a pas recours à de pareils expédients. Le système de Welcker n'est donc pas soutenable, quelque embarras que l'on éprouve pour le remplacer, et je suis étonné qu'il trouve toujours de nouveaux défenseurs, alors que Welcker lui-même n'y attachait pas une grande valeur[1].

---

1. Un élève de M. Brunn, qui a écrit une brochure sur les monuments relatifs aux mystères d'Éleusis, me fait dire des choses que je n'ai jamais dites, en quoi il se rencontre avec M. Heydemann. Ces messieurs feraient bien d'apprendre le français avant de critiquer les livres publiés dans notre langue. J'ai prétendu et je prétends encore que les satyres de ma vingt et unième planche portent des bêches et non des marteaux. Quant à l'explication que l'on propose, je la connais de longue date, car elle est empruntée au duc de Luynes, dont on n'a pas même cité le nom. D'après l'auteur, la tête colossale du vase du Cabinet de France serait à la fois la mère et la sage-femme ! Son fils serait l'Amour cosmogonique ; mais comme il y a deux Amours sur le vase de Capoue, il en résulte que les poëtes anciens savaient leur mythologie moins bien qu'on ne la sait aujourd'hui à Munich.

En tenant compte de toutes les variantes observées sur les cinq vases dont il s'agit, on arrive au résultat suivant :

La scène se passe tantôt dans un sanctuaire (L), tantôt en plein air, près d'un arbre (P) ou au milieu d'une prairie (M). La tête gigantesque, posée soit de profil (L), soit de face (MN), se dégage du sol; le peintre n'a pas oublié d'indiquer les monticules de terre qu'elle déplace par son apparition (M). Une seule fois (P), l'ascension est plus complète, mais là il ne s'agit plus d'une déesse de proportions colossales, mais d'une femme de taille ordinaire visible jusqu'aux genoux.

A l'endroit où la divinité surgit à la lumière du jour, on remarque, sur les vases moins anciens, un (O) ou deux satyres (MN) qui reculent frappés d'étonnement ou qui, avec cette impertinence qui ne les abandonne jamais, lui grimpent familièrement sur l'épaule (N). Une fois (M) ces satyres, occupés à bêcher la terre, s'arrêtent brusquement à la vue du phénomène. Il se peut très-bien que ce soit Gaea elle-même qui sort de sa demeure souterraine, d'autant mieux que les formes colossales lui conviennent de toute façon.

Mais les deux vases de l'ancien style (LP) ont des particularités qui ne semblent pas se prêter à une interprétation aussi simple. Sur tous les deux, les personnages présents au moment de l'apparition manient des marteaux ou des bipennes ; le vase de Stockholm les représente, d'après le témoignage oculaire de M. Wieseler, revêtus des chitons et des cuirasses, mais en leur laissant la physionomie quelque peu bestiale des satyres.

Dès que j'eus ces renseignements nouveaux, je songeai au mythe des Kabires, qui s'accorde fort bien avec le sujet du dernier vase. Leur costume, leurs marteaux, leurs traits silénesques, les relations qu'ils ont dû avoir avec Gaea, l'une des divinités principales de Samothrace, tout cela concourut à fixer mes doutes. Il n'est pas moins possible, et de nombreux exemples semblent le démontrer, que les artistes de la belle époque aient transformé ces Kabires en simples satyres; mais l'idée primordiale qui se cache sous ces peintures reste dans l'obscurité.

Quant aux Amours qui accueillent la femme colossale sur le vase du prince Napoléon, ils viennent évidemment rendre hommage à la beauté de la déesse renaissante. Je ne voudrais pas leur prêter une signification plus profonde.

FIN.

TABLE DES MATIÈRES

pl. cxxxv, 134. — Gerhard, *Minervenidole Athens*, p. 27 (pl. v, 8). *Gesammelte Abhandlungen*, t. II, 480. Müller-Wieseler, *Denkmaeler*, t. II, pl. xlv, 568. — Haut., 0^m,48. Larg., 0^m,30.

Pl. XXVIII. — Bronzes d'Alexandrie. — *Collection Oppermann.* Voir l'*Indicateur archéol. de Berlin*, 1868, p. 14.

1. Psyché. — 2. Vénus ôtant sa sandale. — 3. Buste de Scylla brandissant une rame. — 4. Ourse tenant entre ses pattes un homme nu, barbu et casqué, accroupi entre deux boucliers dans lesquels il se trouvait enfermé comme dans la coque d'un œuf. Un couvercle était ajusté sur la tête de l'ourse, qui, par conséquent, avait servi de récipient. — 5. Déesse panthée. Traces d'une inscription peinte en rouge sur la base en calcédoine.

Pl. XXIX. — Tête de jeune homme en pierre calcaire, trouvée dans l'île de Chypre. — Musée du Louvre.

Pl. XXX-XXXIV. — Terres cuites de Tarse, au Louvre; provenant des fouilles faites en 1852, au Kusuk-Kolah, par MM. Mazoillier, vice-consul de France, et Victor Langlois. (*Archives des Missions scientifiques*, t. IV, 64-67.)

Pl. XXX. — Figurine de Vénus, la perle de cette collection, et une des plus belles terres cuites qui soient connues. Le manteau de la déesse est peint en rouge, les chairs sont d'une couleur cendrée. Haut., 0^m,22.

Pl. XXXI, 1. 2. — Amours vendangeurs.

3. — Torse de Pan assis.

4. — Bœuf bossu accroupi.

5. — Fragment d'une figurine de taureau.

6. — Guerrier asiatique à cheval. Son chiton et ses pantalons sont peints en violet. Fragment de figurine à fond bleu.

Pl. XXXII, 1. — Amour couronné de lierre et tenant un oiseau serré contre sa poitrine. Traces de peinture violette sur la draperie et de couleur jaune sur le corps.

2. — Amour essuyant ses larmes. Traces de couleur rouge sur les cheveux.

3. — Éros et Psyché, l'un coiffé d'une couronne de feuillage, l'autre d'un diadème. Traces de couleurs jaune et blanche.

4. — Éros et Psyché s'embrassant. Fragment de médaillon (avec un trou à suspension). Traces de couleur jaune.

5. — Muse assise écrivant sur un diptyque. Traces de couleurs blanche et violette sur la draperie; de jaune sur l'encadrement du diptyque et de noir sur les tablettes de cire. Haut., 0^m,094.

6. — Orgue placé sur une base décorée de feuillage; à l'extrémité gauche une tête de jeune homme y est accolée.

Pl. XXXIII, 1. — Buste d'Hercule jeune, portant la massue sur l'épaule. Médaillon.

2. — Masque d'Hercule barbu, avec les moustaches frisées. Vernis rouge.

3. — Fragment d'une figurine d'Hercule. Traces de couleur jaune.

4. — Hercule asiatique armé d'une massue, vêtu d'une tunique à manches collantes, qui prend les formes de son corps; une ceinture entoure sa taille, une peau de lion recouvre sa tête et retombe sur son épaule gauche. Ses cheveux sont disposés en longues boucles, trois de chaque côté. — Traces de couleur jaune sur le visage. Haut., 0^m,11.

5. — Torse d'homme. Traces de couleur rouge.

6. — Médaillon bordé d'un strophium et représentant Hercule se dirigeant vers la droite. Traces de couleur jaune.

Pl. XXXIV, 1. — Tête de femme voilée et diadémée. Traces de peinture bleue sur la stéphané et de couleur rouge sur le visage.

2. — Tête de Minerve.

3. — Buste de femme coiffée d'une couronne murale; probablement une Ville.

4. — Bacchus adolescent au repos. Il s'appuie sur un thyrse. Ses cheveux étaient peints en rouge, la draperie porte des traces de couleur bleue.

5. — Femme drapée.

6. — Jupiter foudroyant les Titans.

Pl. XXXV. — Bijoux antiques de la collection de M. de Nolivos.

1-3. — Diadème et pendants d'oreilles. — Les grappes de raisin sont formées de perles fines, les feuilles enduites d'un émail vert.

4. — Médaillon en or estampé (Vénus et l'Amour).

5. — Scène d'amour. Pierre gravée (nicolo).

6. — Rome nicéphore, gravée sur un sardonyx, dont le revers (en camée) représente l'aigle romaine.

Pl. XXXVI. — Diptyque des Muses, au Louvre. — On en trouvera, au *Catalogue Durand*, n° 2256, une interprétation absolument erronée.

Pl. XXXVII. — Jeune athlète. — Tête en marbre pentélique, au Louvre (villa Borghèse, portique n° 27). Clarac, *Catalogue*, 308; *Musée*, pl. 1073. — *Indicateur archéol.* de Gerhard, 1864, p. 223 *.

Pl. XXXVIII. — Bijoux d'or de différentes collections.

1-3. — Deux clochettes en or, trouvées vers 1863 près de Tarse avec les fameux médaillons qui font l'ornement du Cabinet des Médailles. Ancienne collection Giov. di Démétrio. Elles représentent les douze travaux d'Hercule : A. L'enchaînement de Cerbère. B. Les pommes des Hespérides. C. Les étables d'Augias. D. Le taureau de Crète. E. Les cavales de Diomède. F. Les bœufs de Géryon. G. La biche cérynitique. H. Probablement les oiseaux de Stymphale. I. La reine des Amazones. K. Le lion de Némée. L. L'hydre de Lernes. M. Le sanglier d'Erymanthe et Eurysthée qui se réfugie dans un tonneau. — Dans la *Revue numismatique*, 1868, p. 332, M. de Longpérier a publié sur ces clochettes un travail qui prouve combien les questions d'archéologie lui sont peu familières. Il prend les bœufs de Géryon pour Antée, ne sachant pas que la lutte contre Antée n'était qu'un épisode des douze travaux; de plus, il donne à Hercule les épithètes qui se trouvent sur les monnaies de Postume (*nemæus, erymantinus*, etc.), sans se douter que les monétaires avaient commis là d'énormes fautes d'orthographe.

4. — Bague chrétienne en or. Ancienne collection Démétrio. Inscription : ἡ ἐλπίς μου ὁ θ(εό)ς.

5. — Buste d'une Ville (tête d'épingle en or), trouvé en 1868 sur les bords du Rhône à Vienne (Isère). Collection Frœhner.

6. — Coquille. Amulette en or. Collect. Charvet.

7. — Buste voilé et diadémé de femme. Médaillon d'or estampé. Même collection.

8. — Bague en or, portant l'inscription : Μέγα τὸ ὄνομα τοῦ Σάραπις. Ancienne collection Démétrio.

9-10. — Bague d'or, avec les inscriptions : *Accipe dulcis* et *Multis annis*. Même collection.

11. — Fibule en or, décorée de deux doubles têtes de femmes. Coll. Charvet.

12. — Bague d'or représentant Amour et Psyché. Même collection.

Pl. XXXIX. — Stèle sépulcrale trouvée au port de Panagia, dans l'île de Thasos, et rapportée en 1865 par M. Miller, membre de l'Institut. — Musée du Louvre. — Inscription : Φίλις Κλεομήδεος.

E. Miller, *Deuxième rapport à l'Empereur* (Comptes rendus de l'Acad. des Inscript., 1865, p. 386). Revue archéol., 1865, t. II, 139. — Jules Duvaux, l'*Illustration*, 1866, p. 37.

Pl. XL, 1. — Apollon et une Muse. — Kalpis trouvée dans la nécropole de Kameiros. — Collection Oppermann.

Pl. XL, 2. — Sujet nuptial. — Balsamarium avec les inscriptions : Ηε νύμφε καλέ et Τιμόδεμος καλός. — Même collection.

BUSTE D'AUGUSTE

BRONZE DE NEUILLY-LE-RÉAL

G. Arosa, phototyp.
J. Rothschild, Éditeur, Paris.
Lemercier et Cie, impr., Paris.

BUSTE DE LIVIE

BRONZE DE NEUILLY-LE-RÉAL

G. Arosa, phototyp.   J. Rothschild, Éditeur, Paris.   Lemercier et Cie, Impr., Paris.

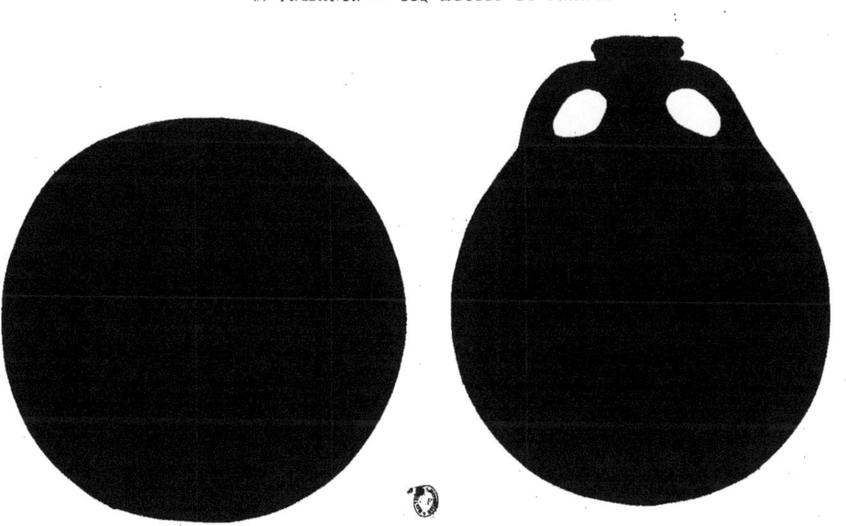

VASE DU MUSÉE DE SAINT-GERMAIN

O. Massias, del. & lithogr.   J. Rothschild, Éditeur, Paris.   Lemercier et Cie, Impr., Paris.

ARTÉMIS AILÉE

ŒNOCHOÉ DE LA COLLECTION E. DUTUIT

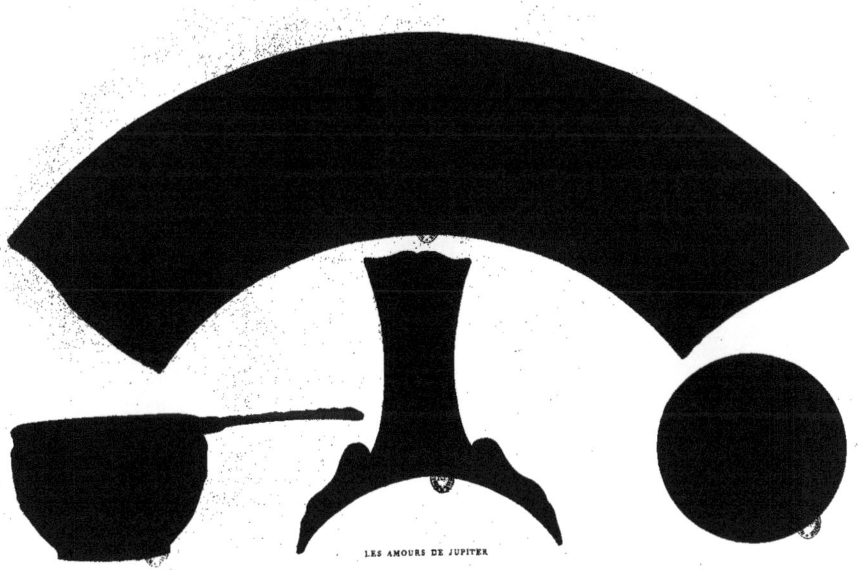

VASE D'ARGENT DU CABINET DE M. CHARVET

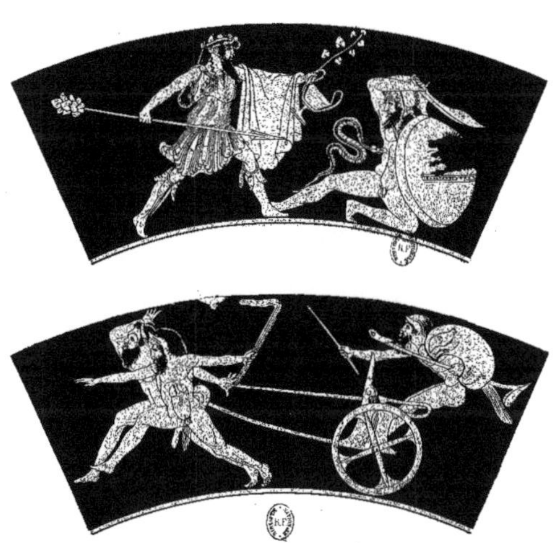

DIONYSOS COMBATTANT UN GÉANT

COUPE DE L'ANCIENNE COLLECTION DU PRINCE NAPOLÉON

Dalmont, lith.   J. Rothschild, Éditeur, Paris.   Lemercier et Cᶦᵉ, Impr., Paris.

DIONYSOS COMBATTANT LES GÉANTS

VASE DE LA COLLECTION OPPERMANN

ASSIAS, del. et lithogr.

J. ROTHSCHILD, Éditeur, Paris.

LEMERCIER et Cie, Impr., Paris.

DIONYSOS REVÊTANT UNE CUIRASSE

VASE PEINT DU CABINET DE FRANCE

STÈLE SÉPULCRALE DU MUSÉE DU LOUVRE

ÉOS ET MEMNON

COUPE DE L'ANCIENNE COLLECTION DU PRINCE NAPOLÉON

Davkost, lith   J. Rothschild, Éditeur, Paris.   Lemercier et Cie, impr., Paris.

COMBAT ENTRE PARIS ET MÉNÉLAS

COUPE DE L'ANCIENNE COLLECTION DU PRINCE NAPOLÉON

Dumont, lith.   J. Rothschild, Éditeur, Paris.   Lemercier et Cie, impr., Paris.

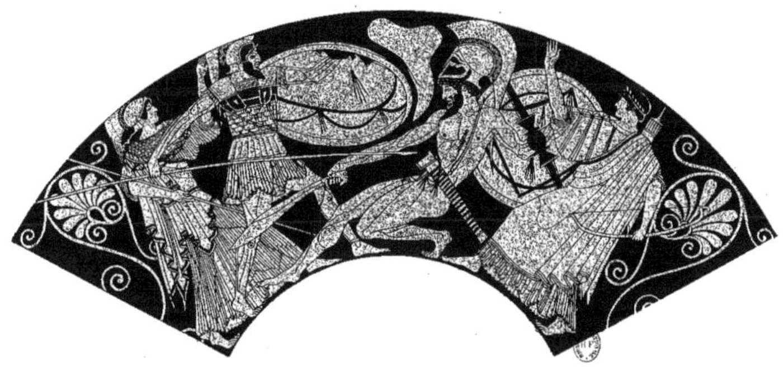

COMBAT ENTRE AJAX ET HECTOR

COUPE DE L'ANCIENNE COLLECTION DU PRINCE NAPOLÉON

Daumont, lith.   J. Rothschild, Éditeur, Paris.   Lemercier et Cⁱᵉ, impr., Paris.

MÉDAILLONS EN TERRE CUITE

Daumont lith.   J. ROTHSCHILD, Éditeur, Paris.   LEMERCIER et Cie, Impr., Paris.

MÉDAILLONS EN TERRE CUITE TROUVÉS A' ORANGE

DAUMONT del. · J. ROTHSCHILD, Éditeur. Paris · HANGARD-MAUGÉ, lithogr. Paris.

MÉDAILLONS EN TERRE CUITE TROUVÉS A ORANGE

DAUMONT del.   J. ROTHSCHILD, Éditeur. Paris   HANGARD-MAUGÉ, lithogr. Paris.

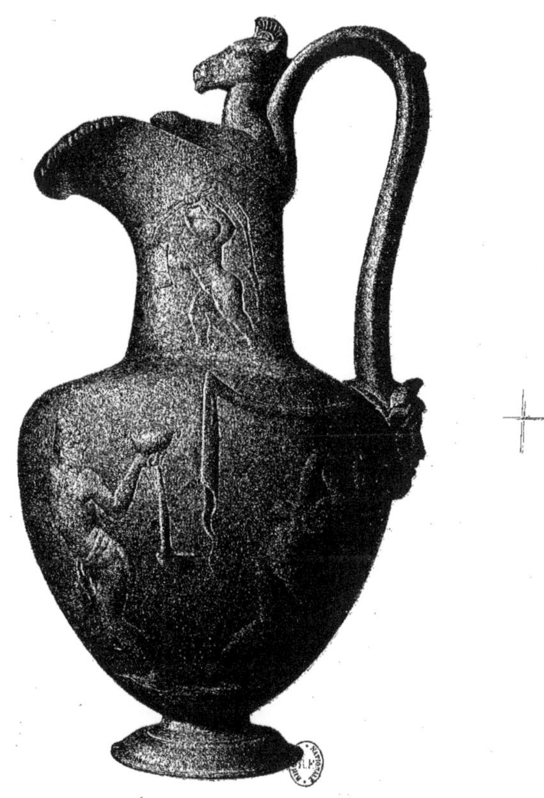

VASE DE BRONZE DU CABINET DE M. CHARVET

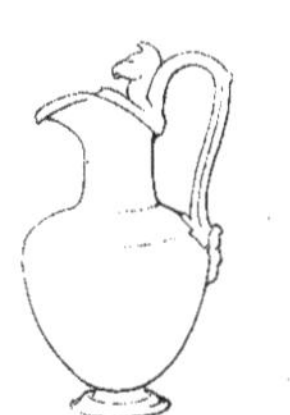

VASE DE BRONZE DU CABINET DE M. CHARVET

2. Guerrier.

1. Cyparisse et son Faon.

2. Guerrier.

BRONZES ÉTRUSQUES DE LA COLLECTION OPPERMANN

Kreuzberger, del.   J. Rothschild, Éditeur, Paris.   J. Clave, Imprimeur.

5. Persée tuant Méduse.

3. Vénus.

4. Hercule et Apollon.

3. Vénus.

7. Cavalier.

6. Persée et le Pégase.

BRONZES ÉTRUSQUES DE LA COLLECTION OPPERMANN

Kreutzberger, del.   J. Rothschild, Éditeur, Paris.   J. Clave, Imprimeur.

HYDRIE DE L'ANCIENNE COLLECTION DU PRINCE NAPOLÉON

J. Rothschild, Éditeur, Paris.   Lemercier et Cie, Impr., Paris.

1. LES KABIRES

2. BUSTE D'ATHÉNÉ

VASES PEINTS DU CABINET DE FRANCE

BAS-RELIEF DU MUSÉE DE STRASBOURG

X. Hellouin, del.   J. Rothschild, Éditeur, Paris.   J. Clavé, Imprimeur.

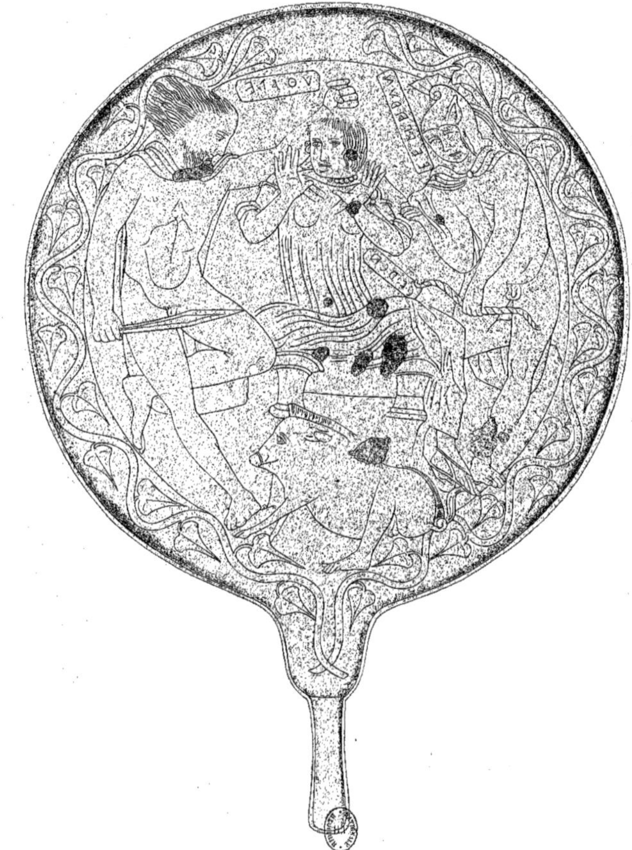

ULYSSE CHEZ CIRCÈ

MIROIR ÉTRUSQUE DU LOUVRE

Massias, del. et lithogr.   J. Rothschild, Éditeur, Paris.   Lemercier et Cie, Impr., Paris.

MASQUE DE MÉDUSE

MARBRE D'ATHÈNES — MUSÉE DU LOUVRE

HERCULE ET TÉLÈPHE

BRONZE DE LA COLLECTION DE M. GRÉAU, A TROYES

G. MASSIAS, del. et lithogr.   J. ROTHSCHILD, Éditeur, Paris.   AUG. BRY, lithogr., Paris.

BAS-RELIEF DU MUSÉE DU LOUVRE

3. Scylla.

5. Déesse ailée.

2. Vénus.

1. Psyché.

4. L'Ourse et un Kurète (?).

BRONZES D'ALEXANDRIE DE LA COLLECTION OPPERMANN

TÊTE CHYPRIOTE EN PIERRE CALCAIRE — MUSÉE DU LOUVRE

G. Arosa, phototyp.

J. Rothschild, Éditeur, Paris.

Lemercier et Cie, impr., Paris.

LA VÉNUS DE TARSE

TERRE CUITE DU MUSÉE DU LOUVRE

G. Arosa, phototyp.   J. Rothschild, Éditeur, Paris.   Lemercier et Cie, Impr., Paris.

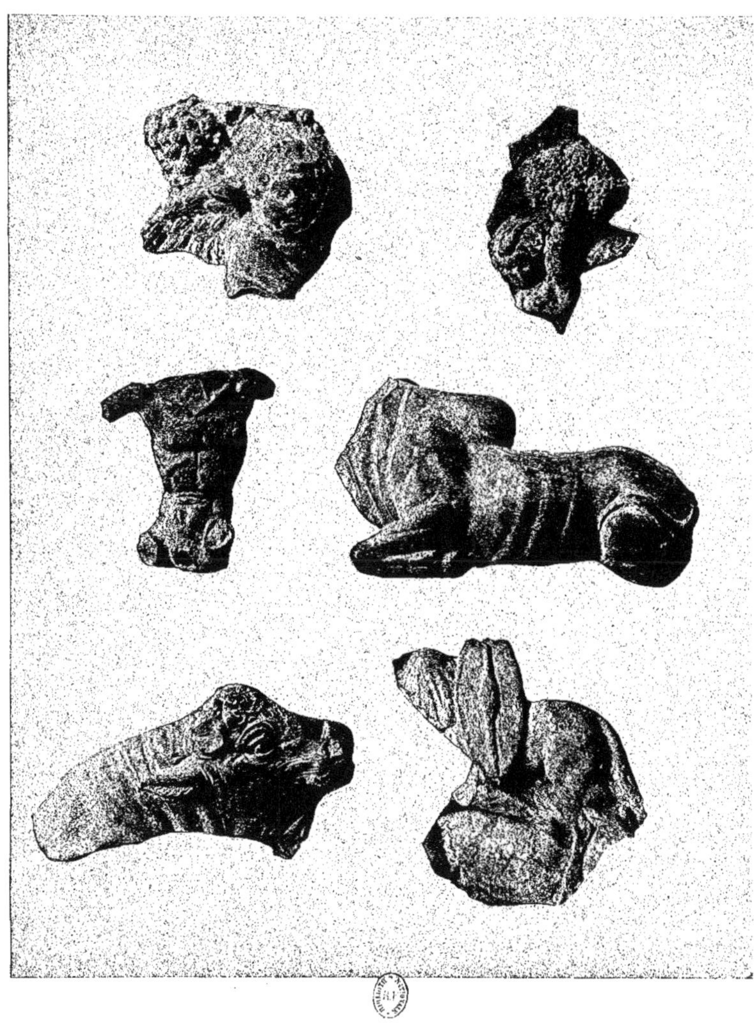

TERRES CUITES DE TARSE DU MUSÉE DU LOUVRE

TERRES CUITES DE TARSE DU MUSÉE DU LOUVRE

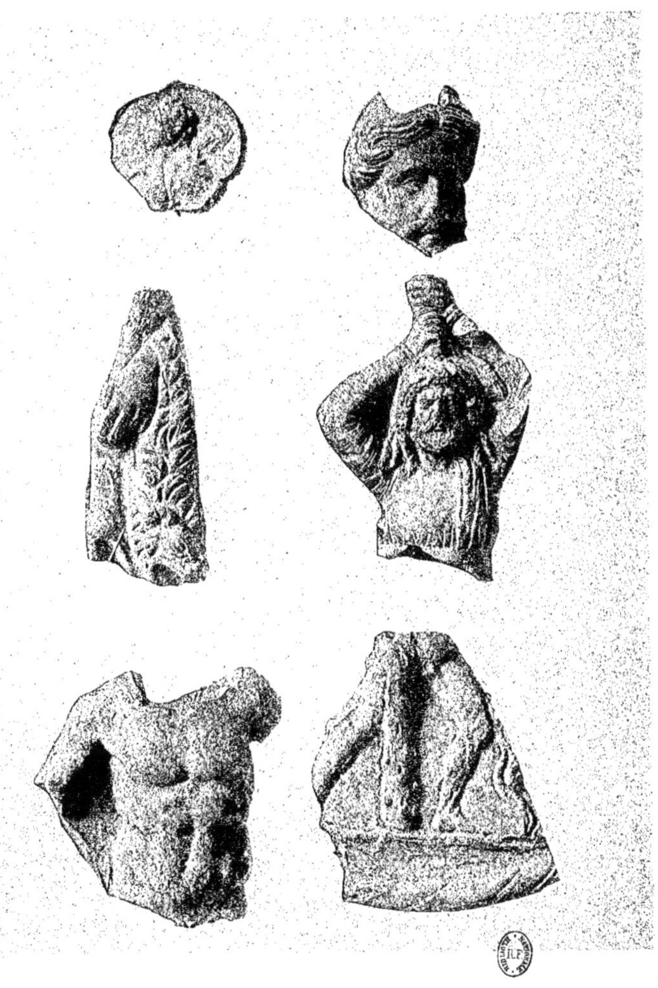

TERRES CUITES DE TARSE AU MUSÉE DU LOUVRE

G. Arosa, phototyp.   J. Rothschild, Éditeur, Paris.   Lemercier et Cie, Impr., Paris.

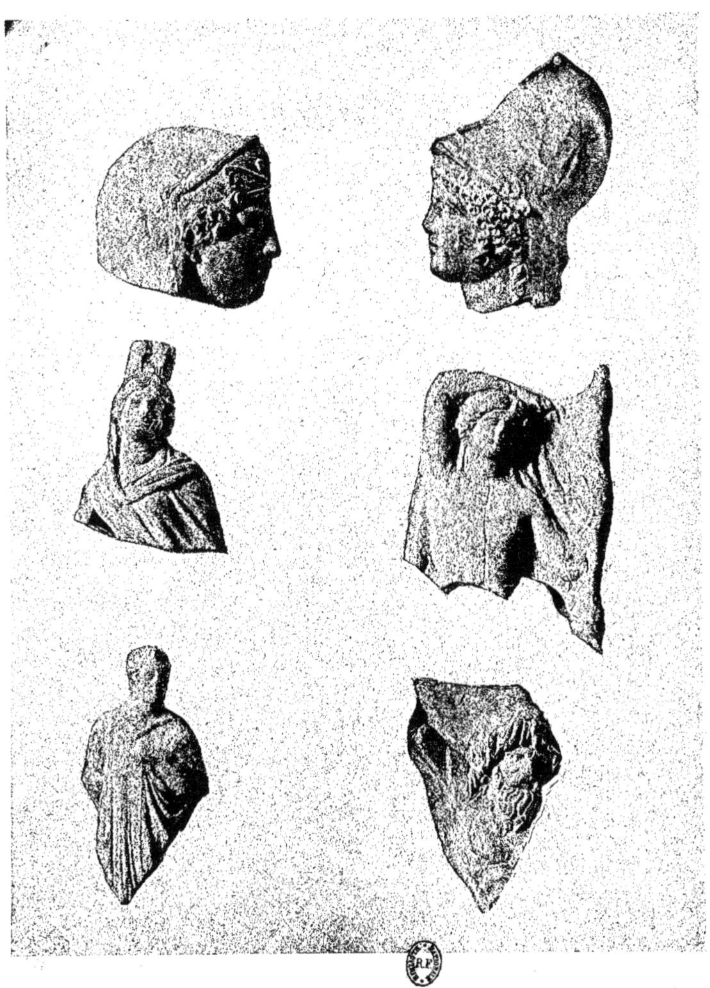

TERRES CUITES DE TARSE AU MUSÉE DU LOUVRE

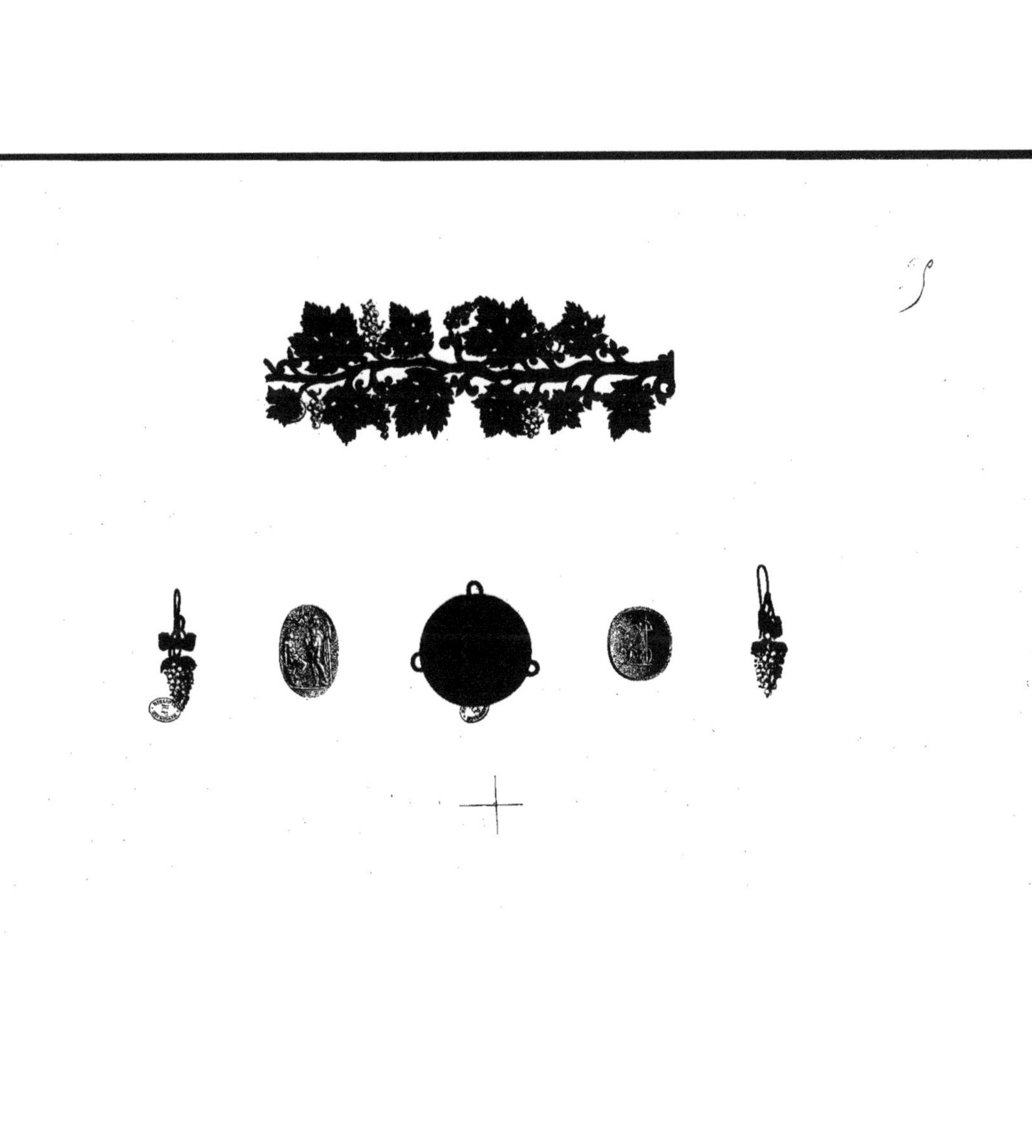

DIPTYQUE DES MUSES

IVOIRE DU MUSÉE DU LOUVRE

J. ROTHSCHILD, Éditeur, Paris.   Lemercier et Cie, Impr., Paris.

TÊTE D'ATHLÈTE AU MUSÉE DU LOUVRE

G. Arosa, phototyp.   J. Rothschild, Éditeur, Paris.   Lemercier et Cie, Impr., Paris.

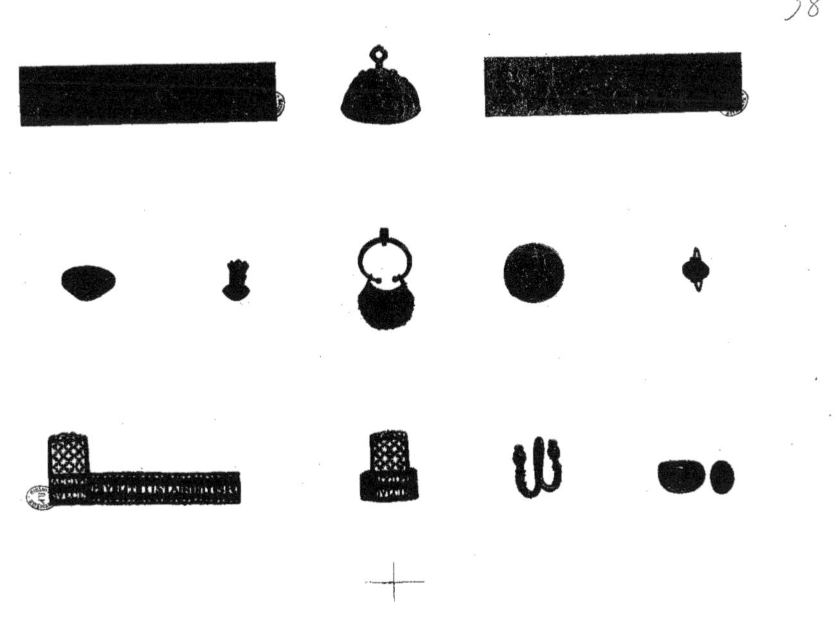

STÈLE SÉPULCRALE DU MUSÉE DU LOUVRE

1. APOLLON ET UNE MUSE

2. SUJET NUPTIAL

VASES PEINTS DE LA COLLECTION DE M. OPPERMANN

9 782019 259037